COMPTE-RENDU

DES TRAVAUX

DE LA

CHAMBRE CONSULTATIVE

DES ARTS ET MANUFACTURES DE LA VILLE D'ELBEUF

A PARTIR DU 23 AVRIL 1853,

DATE DE SA RECONSTITUTION D'APRÈS LES PRESCRIPTIONS DU DÉCRET
DU 30 AOUT 1852,

JUSQU'AU 31 DÉCEMBRE 1856,

SUIVI D'UN

Rapport lu par son Président,

DANS LA SÉANCE DU 11 SEPTEMBRE 1856,

Sur tous les documents inscrits au Registre de ses
délibérations relativement à la Défense du Travail
National et à la question du Libre-Echange.

*Publication autorisée par délibération de la Chambre en date
du 13 février 1857.*

ELBEUF

IMPRIMERIE DE LEVASSEUR, RUE SAINT-JEAN, 98.

1857.

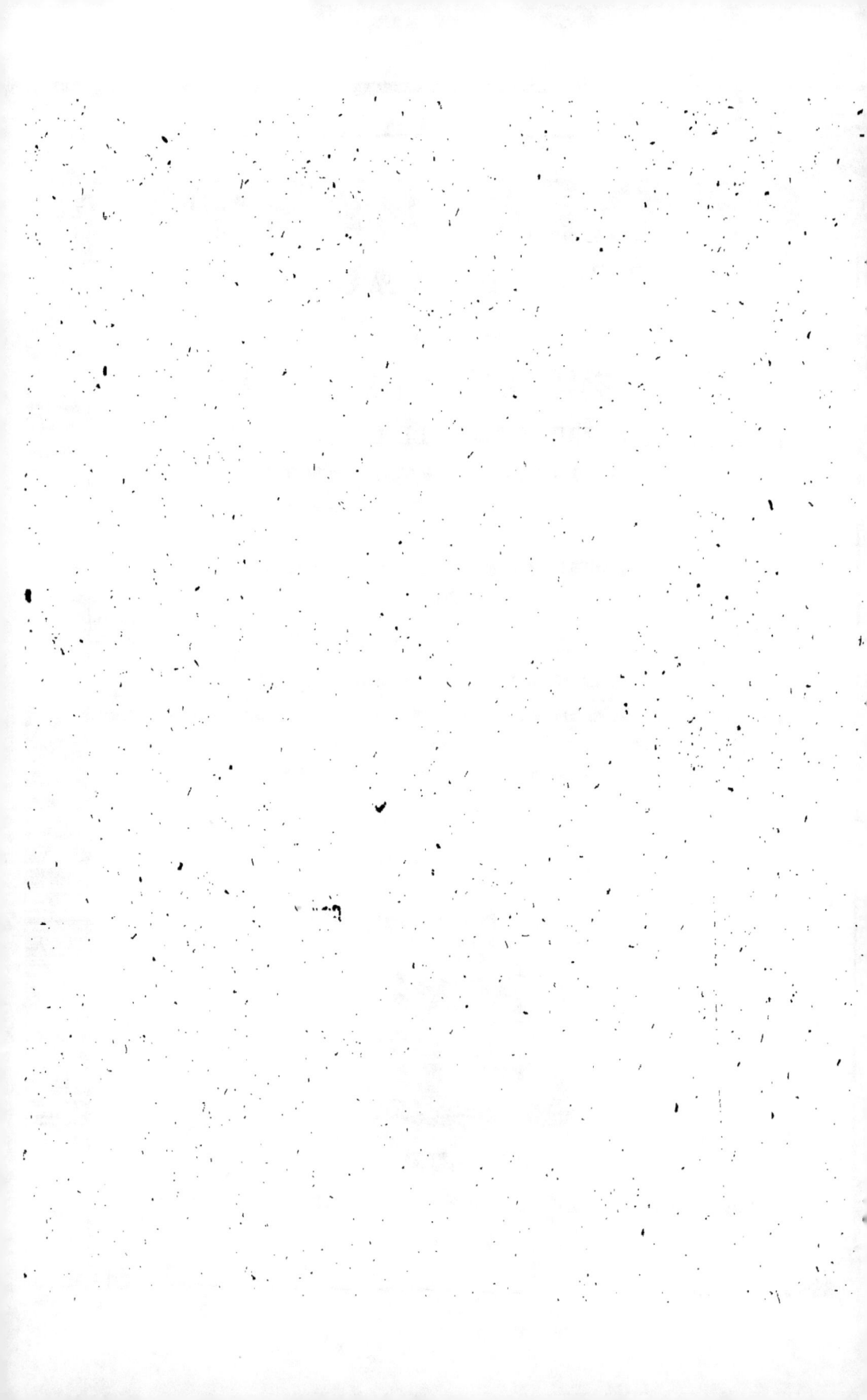

COMPTE - RENDU

DES TRAVAUX

DE LA

CHAMBRE CONSULTATIVE

DES ARTS ET MANUFACTURES DE LA VILLE D'ELBEUF

A PARTIR DU 23 AVRIL 1853,

DATE DE SA RECONSTITUTION D'APRÈS LES PRESCRIPTIONS DU DÉCRET
DU 30 AOUT 1852,

JUSQU'AU 31 DÉCEMBRE 1856,

SUIVI D'UN

Rapport lu par son Président,

DANS LA SÉANCE DU 11 SEPTEMBRE 1856,

sur tous les documents inscrits au Registre de ses
délibérations relativement à la Défense du Travail
national et à la question du Libre-Echange.

*Publication autorisée par délibération de la Chambre en date
du 13 février 1857.*

ELBEUF

IMPRIMERIE DE LEVASSEUR, RUE SAINT-JEAN, 98.

1857.

Extrait du registre des délibérations de la Chambre consultative des arts et manufactures de la ville d'Elbeuf.

Dans sa séance du 23 janvier dernier, la Chambre avait invité son Président à vouloir bien se charger de faire un exposé sommaire des travaux de la Chambre consultative d'Elbeuf, en prenant pour point de départ le 23 avril 1853, époque de son installation, après qu'elle avait été organisée en vertu du décret du 30 août 1852.

M. le Président donne lecture du travail analytique auquel il s'est livré, et reçoit l'approbation unanime de l'assemblée qui prend immédiatement la délibération suivante :

La Chambre

Remercie son Président, M. Mathieu Bourdon, du soin qu'il a pris dans la préparation du compte-rendu de ses délibérations, depuis qu'elle a été réorganisée en vertu du décret du 30 août 1852 ; c'est un nouveau titre d'estime et de considération que M. Bourdon a acquis aux yeux de ses collègues ; elle lui vote d'unanimes félicitations sur un travail remarquable à tous égards, fort utile pour attester les travaux antérieurs de la Chambre, en même temps qu'il stimulera le zèle des membres nouveaux appelés à y concourir ;

Et décide que le travail dont est question sera imprimé à ses frais au nombre de cinq cents exemplaires, avec l'adjonction du rapport sur la question du libre échange, lu dans la séance du 11 septembre 1856 ; ce dernier rapport, sorti de la même plume, étant un appendice nécessaire pour constater les efforts faits depuis vingt-cinq ans par la Chambre consultative d'Elbeuf en faveur des graves intérêts qui lui étaient confiés.

M. Charles Flavigny est adjoint à M. le Président pour assurer l'exécution de la présente délibération.

Fait et délibéré le 13 février 1857, en séance ordinaire de la Chambre, le registre duement signé par tous les membres présents.

A MM. les Membres de la Chambre consultative des arts et manufactures de la ville d'Elbeuf.

Messieurs,

L'intérêt qui recommande vos travaux, vous a déterminés à adopter une mesure sans précédent dans les annales de la Chambre; vous avez exprimé par suite, dans votre séance du 23 janvier dernier, le désir qu'il en soit fait un résumé dont vous avez bien voulu me confier la rédaction, et c'est pour répondre à ce désir que j'ai rassemblé tous vos actes dans un compte-rendu qui comprendra une période de trois ans et huit mois, afin de faire remonter la mesure dont il s'agit, et que je crois destinée à se reproduire triennalement désormais, à la date précise de la réorganisation de la Chambre, sur les bases du décret du 30 août 1852.

Et d'abord, si j'ai pu réussir à me placer au niveau de ma tâche, je dois déclarer que j'en aurai été plutôt redevable à la parfaite lucidité qui règne dans le libellé de vos procès-verbaux ; c'est donc une justice que je tiens à rendre préalablement à votre honorable secrétaire, puisque je l'ai eu pour principal auxiliaire dans un travail méthodique qu'il m'avait pour ainsi dire préparé par avance.

L'analyse que j'ai terminée, Messieurs, réalisera deux fois mes intentions à cette double condition : 1° que dans le cas où vous croirez lui devoir attribuer une sorte de publicité, en la communiquant à MM. les Industriels et Commerçants, elle puisse les éclairer sur les nombreux titres qui constituent vos droits à leur confiance et sur les garanties qu'ils y trouveront pour l'avenir ; 2° qu'elle vous présente à vous mêmes toute la satisfaction qui réjouit la conscience, lorsqu'elle procède du sentiment du devoir accompli.

Par des circonstances indépendantes de votre volonté, quelques uns de vos efforts sont demeurés stériles, mais l'analyse de vos travaux, en rappelant à vos souvenirs ceux qui vous restent à achever ou à reprendre, ne pourra réellement rien exiger de vous qui puisse être, en fait, au-dessus de votre zèle éprouvé et de votre persévérance infatigable.

Les comptes-rendus ont encore cette conséquence qu'ils forment, alimentent et consolident l'expérience, cette seconde sagesse, et que leurs enseignements profonds tendent à rectifier souvent les idées en les fortifiant par de nouvelles méditations.

L'esprit humain a d'ailleurs par intervalles besoin de se recueillir dans un large coup-d'œil rétrospectif sur le passé, pour apprécier ensuite et juger mieux les faits, et s'en faire comme un point d'appui, avec le discernement de sa raison, contre la précipitation et l'erreur dans les futurs contingents.

J'ai vainement tâché d'abréger, Messieurs, l'œuvre que je soumets, comme un timide essai à votre examen, et de lui imprimer, si je définis bien ainsi toute ma pensée, un effet aussi synoptique que possible, mais j'ai été impuissant à la rendre plus sommaire, sous peine d'en compromettre l'intelligence et de ne pas atteindre le but que vous vous étiez proposé.

Laissez-moi néanmoins espérer, quelqu'en soit l'ensemble, qu'elle pourra vous être utile et que nos successeurs, à qui nous en léguerons l'exemple, pourront, en l'améliorant, en tirer à leur tour tout le profit désirable.

* * *

Compte-rendu des travaux de la Chambre consultative des arts et manufactures de la ville d'Elbeuf, du 23 avril 1853 au 31 décembre 1856.

La Chambre réorganisée, conformément aux prescriptions du décret du 30 août 1852, a été installée dans ses fonctions le 23 avril 1853.

Cette dernière date est en conséquence le véritable point de départ du présent compte-rendu, qui, au lieu de comprendre une période de trois années, aura, par exception, huit mois de plus, ce qui n'empêchera pas les comptes qui le suivront d'être contenus dans les règles de la triennalité.

La Chambre, depuis son renouvellement intégral, a perdu, par voie de démission, deux de ses membres : MM. Fouré et Collas ; et par décès, un autre membre : M. Edmond Join-Lambert.

Les trois élections partielles qui ont eu lieu n'ont rien changé à sa composition, et les noms de MM. Martel, Pelletier fils aîné et Édouard Bellest, sont sortis, sur sa recommandation, de l'urne électorale pour remplir les vides dont il vient d'être parlé.

La Chambre se trouve, à la fin de 1856, ainsi classée dans l'ordre numérique de ses séries :

Première série : MM. Bellest (Édouard). — Bourdon (Mathieu) — Martel (Alphonse). — Turgis (Edouard).

Deuxième série : MM. Aubé (Philippe). — Delarue (Augustin). — Pelletier fils aîné. — Poussin (Alexandre).

Troisième série : MM. Chennevière (Théodore). — Flavigny (Charles.) — Lecerf (Isidore). — Lizé (Charles).

Son bureau, trois fois renouvelé sans aucune modification, est encore constitué comme ci-après :

MM. Bourdon (Mathieu), *Président.*

Chennevière (Théodore), *vice-Président.*

Poussin (Alexandre), *secrétaire.*

Les réunions de la Chambre n'ont pas d'époque fixe et précise, mais elle s'assemble une fois au moins par mois, à quatre heures du soir, et plus souvent s'il y a lieu.

Du 23 avril au 31 décembre 1853, elle a tenu   9 séances.

En 1854 21   »

En 1855 17   ».

En 1856 16   »

Ensemble . . . 63 séances.

La correspondance de la Chambre se subdivise en lettres, avis et instructions qui sont la plupart du temps le développement de ses délibérations ; elle se décompose de la manière suivante :

Du 23 avril au 31 décembre 1853   27 pièces écrites.

En 1854   37   »

En 1855   38   »

En 1856   47   »

Ensemble   149

Les ouvrages officiels que la Chambre a reçus du Gouvernement sont ceux-ci :

4°. Les 78e, 80e, 82e, 84e et 85e volumes des Brevets d'invention, pris sous l'empire de la loi de 1791.

2º. Les 12e, 13e, 14e, 15e, 16e, 17e, 18e, 19e, 20e, 21e, 22e et 23e volumes des Brevets d'invention, pris sous l'empire de la loi du 5 juillet 1844.

3º. Les catalogues des Brevets d'invention du 1er janvier au 31 décembre 1854.

4º. Les Annales du commerce extérieur, en double expédition, du n° 756 au n° 929.

5º. Les tableaux généraux des douanes sur le mouvement commercial en 1852, 1853, 1854 et 1855.

6º. Les tableaux généraux du mouvement du cabotage en 1854 et 1855.

7º. Deux tableaux des droits d'entrée et de sortie, publiés par l'administration, mis au courant au 1er octobre 1853 et au 1er août 1856.

8º. Plusieurs exemplaires du tableau des marchandises désignées au tarif général des douanes en France, indiquant les droits dont elles sont passibles en l'année 1853.

9º. La Carte de la Plata, et plusieurs exemplaires de divers documents ayant trait au commerce extérieur.

10º. Plusieurs exemplaires du Réglement général de l'Exposition universelle.

11º. Des pièces relatives à l'École supérieure du commerce, en trois envois annuels.

12º. Une expédition du décret qui modifie les droits à l'importation de toute espèce de vins, et une autre expédition du décret fixant les droits à payer à l'importation des eaux-de-vie.

13º. Les 3e, 4e, 5e, 6e et 7e volumes des rapports de la Commission française et du Jury international de l'Exposition universelle de Londres.

14º. Deux volumes de l'Histoire de la réforme commerciale en Angleterre.

15º. Un exemplaire anglais du rapport du Jury international du commerce et de l'industrie à l'Exposition universelle de Londres.

16º. L'ouvrage, en deux volumes, de M. Audiganne, sur les populations ouvrières et les industries de la France dans le mouvement social du XIXe siècle.

La Chambre a reçu à titre officieux les ouvrages et brochures dont suit l'énumération :

1°. La relation de la cérémonie du Baptême de la locomotive Bonjean, avec une notice sur l'auteur de cette machine.

2°. Un rapport à la Chambre consultative des arts et manufactures de Louviers sur l'embranchement de Serquigny.

3°. La délibération de la Chambre de commerce de Là Pointe-à-Pître, relativement à la création d'entrepôts coloniaux et à des taxes intermédiaires.

4°. La Statistique du commerce maritime et des exportations du port de Rouen, en 1852.

5°. Le chapitre 10 et dernier de la deuxième partie d'un traité inédit d'économie politique, pour servir de réponse à une lettre de M. Dolfus.

6°. Le recueil des travaux de la Chambre de commerce de Lille, de 1848 à 1853.

7°, L'ouvrage intitulé les Arts et l'Industrie.

8°. Un rapport fait à la Société libre d'émulation, sur un projet d'approvisionnement du blé.

9°. Le rapport de M. Arnaud Tizon, délégué de la Chambre de commerce de Rouen, au retour de sa mission.

10°. Le compte-rendu des travaux de la Chambre de commerce de Saint-Quentin.

11°. Un volume contenant le rapport sur les questions qui se rattachent à l'émigration européenne.

12°. Un traité d'hippologie de M. Lemichel.

13°. Un rapport de la Société industrielle de Mulhouse et plusieurs programmes des prix qu'elle distribue.

14°. Le compte-rendu des travaux de la Chambre de commerce d'Amiens avec un autre rapport sur les produits exposés par les filateurs et fabricants de la même ville.

15°. Une notice sur la Cuisine économique, de Linder.

16°. Divers bulletins de la Société d'encouragement de l'industrie nationale.

17°. Un rapport de la Société du crédit mobilier.

18°. Un document concernant l'Exposition d'économie domestique à Bruxelles.

19°. Le compte-rendu de la Société des déchets de Rheims.

La Chambre a souscrit à l'ouvrage de M. Leplay, intitulé *Les Ouvriers européens.*

Témoignage de gratitude à l'égard de M. Sebe.

L'hommage rendu par la Chambre à l'honorable président de la Chambre qu'elle a remplacée, M. Isidore Sebe, qui en a dirigé et conduit les utiles travaux avec une sagesse remarquable, est un acte de convenance et de justice tout à la fois, et la Chambre ne pouvait pas mieux inaugurer son entrée en fonctions, qu'en acquittant la dette de la reconnaissance.

Avis négatif sur la conversion de la Chambre en Chambre de commerce.

Le passé léguait à la Chambre une question très-sérieuse à résoudre : celle de sa conversion en Chambre de commerce. Ajournée dans la séance du 12 février 1853, cette question a été unanimement tranchée par la négative le 30 avril de la même année. On ne pouvait pas oublier qu'à Elbeuf domine l'élément manufacturier dont la Chambre doit être la véritable expression, et dès lors que le décret du 30 août 1852 y avait introduit dans une mesure suffisante l'élément commercial, il y avait intérêt à conserver au corps qui représente l'industrie locale ses attributions modestes, mais essentiellement caractéristiques.

Archives.

L'attention de la Chambre s'est particulièrement portée sur le classement et la conservation de ses Archives ; elle a obtenu de l'administration municipale, n'ayant comme Chambre consultative aucun fonds à sa disposition, les moyens matériels d'y pourvoir ; elle a adhéré à la nomination de M. Gardin en qualité de secrétaire-archiviste, mais elle a désigné pour commissaires classificateurs de ses archives MM. Lecerf, Pelletier et Bellost, qui se proposent d'apporter incessamment dans l'organisation de ce service l'esprit d'ordre et de régularité dont ils sont animés.

Jetons de présence.

Par un réglement destiné à assurer la plus stricte exactitude à chacune de ses séances, la Chambre a donné un gage de plus à la confiance dont l'honore le corps électoral, et le modèle des jetons de présence qu'elle a adopté, réunit heureusement le présent et le passé de la fabrique d'Elbeuf.

Le jeton figure, d'un côté, les anciennes armes de la maison de Lorraine, une croix avec double croisillon servant d'appui à un ceps de vigne, surmonté de cette inscription : *Tali fulcimine crescet*, et entourée de ces mots : *Chambre consultative des arts et manufactures*, 1588; et de l'autre côté, les armes attribuées à la ville d'Elbeuf en 1802, par Bonaparte; c'est-à-dire la ruche, ayant pour exergue ces paroles mémorables du grand homme : *Elbeuf est une ruche, tout le monde y travaille*.

Défense du travail national.

L'industrie, dont la Chambre est l'organe, a depuis longtemps marqué sa place parmi les grandes industries manufacturières du pays; sa progression continue, et le nombre toujours croissant des ouvriers qu'elle alimente, ont dû nécessairement l'associer à tous les efforts déployés pour le maintien du travail national.

Un rapport très-étendu du Président de la Chambre (1) témoigne, à la date du 11 septembre 1856, de la part active qu'elle a prise à toutes les époques à la défense commune du marché français; les subsides qu'elle a fournis au Comité central à diverses reprises, attestent encore qu'elle n'a pas séparé sa cause de celle qu'il défend avec tant de zèle et d'énergie. Elle n'a pas consacré moins de dix-sept séances à la discussion des moyens d'action auxquels il était indispensable de recourir pour lutter contre le libre échange. Elle a désigné, dans la séance du 11 mars 1854, pour être son délégué près du Comité central, son vice-Président M. Théodore Chennevière. Elle a signalé plusieurs fois avec éloge à ce même Comité la rédaction du journal le *Nouvelliste de Rouen*, dont les articles successifs militent, avec tant de succès dans le département en faveur des garanties de toute nature que réclame sa population manufacturière. Elle a convoqué, le 9 octobre 1856, tous les industriels et commerçants de la localité en assemblée générale, pour leur faire part des craintes et des alarmes qu'une modification dans les lois douanières avait jetées dans tous les

---

(1) Voir ce rapport à la suite du présent compte-rendu.

esprits, et d'accord en tous points avec cette assemblée, elle a constitué un comité mixte, choisi en partie dans la chambre, en partie
dans l'assemblée elle-même, pour correspondre avec le comité central, et s'occuper plus spécialement de la grave question de défense
du travail national. Cependant les fonds obtenus par voie de souscription à cet effet sont présentement à-peu-près épuisés, et il devient
urgent pour la Chambre de s'en préoccuper sans retard. Il est plus
que probable que le nouvel appel qu'elle aura à faire sera parfaite-
ment écouté ; ce ne serait pas assez que le comité local, qui s'est déjà
souvent réuni, recueillît tous les documents qu'il est essentiel de
faire valoir, il faut encore que les intérêts menacés n'hésitent pas à
faire tous les sacrifices d'argent, qu'il peut y avoir tant de motifs de
leur demander. En vain chercherait-on à se faire illusion sur les conséquences de la substitution du régime protecteur au régime de la
prohibition, il n'est pas possible de se dissimuler, et la Chambre entière l'a compris, en répondant aux impressions de ses mandants,
qu'il s'agit pour elle comme pour eux d'une question de vie ou de
mort.

Douanes.

Les tarifs de Douanes se rattachent évidemment aux observations
qui précèdent, en ce sens surtout qu'ils exercent une influence plus
ou moins directe sur les affaires et qu'ils les accidentent, tantôt en
les secondant, tantôt en les ralentissant; aussi des avertissements sérieux n'ont-ils jamais manqué à la Chambre de la part de ses propres
membres, toutes les fois que l'occasion s'est présentée de provoquer
sa vigilance. Le 7 décembre 1853, elle accueillait avec un vif intérêt
l'invitation que lui adressait M. Aubé de supplier le gouvernement de
ne modifier ni les droits à l'entrée des laines, ni les primes accordées
à l'exportation des tissus ; et le 13 du même mois, la Commission
nommée par elle pour la fixer sur les alarmes dont M. Aubé s'était
rendu l'interprète, soumettait à son approbation un rapport fortement motivé, dont l'expression se retrouve dans une délibération où
les inquiétudes de la population ouvrière de la ville d'Elbeuf ont été
aussitôt exposées à larges traits. Le 20 février 1854, la Chambre, afin
de faire cesser l'abus des actes conservatoires en matière de douane,
a fait, auprès de l'autorité compétente, toutes les diligences néces-

saires. Les 5 et 29 décembre 1854, étant informée que l'on prétendait réduire à 4 1|2 pour 0|0 la prime sur les étoffes mélangées de soie, la Chambre a été heureuse de reconnaître que la réduction qui lui était signalée ne portait que sur la quantité de soie introduite dans les tissus. Le registre où sont consignés ses procès-verbaux, mentionne l'envoi de deux documents spéciaux, l'un de M. Martel, sur la valeur des objets fabriqués et sur la variation des cours de 1845 à 1854; l'autre, du Président, sur le cours des laines pendant le même laps de temps, dans les marchés les plus fréquentés : chacun de ces documents répond à des titres différents, à des questions du ministère, à propos du régime des Douanes, et les procès-verbaux des séances des 26 juin et 15 décembre 1855, en constatent l'exposé, la discussion et l'adoption. La Chambre a été saisie presqu'au même moment et probablement dans le même but, d'une demande préfectorale relative aux cours mensuels des laines et autres matières premières, telles que l'indigo et c'est avec de précieux éléments recueillis par M. Aubé, en ce qui concerne les laines, et par M. Charles Flavigny quant à l'indigo, qu'il a pu être satisfait par le Président, conformément aux instructions de la Chambre, à l'objet des questions qui lui étaient posées. Le 1er décembre 1855, des bruits encore plus menaçants que ceux qui s'étaient produits à deux années de distance, retentissent aux oreilles de la Chambre; c'est M. Aubé qui l'avertit de nouveau que l'on songe à modifier profondément les droits dont il a été parlé dans la séance du 7 décembre 1853, et la Chambre lui adjoint MM. Flavigny et Lizé pour essayer de remonter à leur source et lui proposer toutes mesures nécessaires. A partir du 19 mai 1856 jusqu'au dernier terme du présent compte-rendu, la Chambre fournit, à trois reprises différentes, à M. le Préfet du département, et sur sa demande, des renseignements trimestriels statistiques pour faire connaître, dans un tableau synoptique, les principales industries, le nombre des établissements en activité, celui des ouvriers occupés, l'état de la fabrication et de la vente, la cause des augmentations ou des réductions, toutes choses qui sous la plume de M. Lecerf, et avec les commentaires de la correspondance Présidentielle, ont nécessairement éclairé l'autorité sur la part contributive afférente à la ville d'Elbeuf dans le travail manufacturier du département. Il est surabondant d'ajouter que cette demande faite à la Chambre a une évidente connexité avec les innovations projetées dans le régime douanier.

Il en est peut-être indirectement de même d'une autre demande faite par la Commission permanente instituée pour la révision des valeurs de douane, de renseignements sur la valeur moyenne, en 1855, des marchandises qui s'y trouvent désignées. Cette demande, renvoyée à une Commission, dont M. Martel a été choisi comme rapporteur, a été pour lui l'objet d'un travail auquel la Chambre a donné sa sanction. La Chambre a appuyé, le 12 juin 1856, mais sans succès, aux termes d'une lettre ministérielle communiquée par le Président, dans la séance du 11 septembre suivant, la pétition de 56 manufacturiers qui sollicitaient la prorogation du 21 juillet au 31 octobre de la prime de 9 pour 0[0, accordée aux tissus d'exportation, antérieurement aux effets du décret du 21 janvier 1856. A cette même date du 12 juin, la Chambre a connu l'intention qu'avait le gouvernement de remplacer le régime de la prohibition par des droits protecteurs, et, le lendemain, 13 du même mois, elle a nommé une Commission extraordinaire pour élaborer les justes réclamations qu'elle se montra disposée spontanément à formuler ; MM. Chennevière, Charles Flavigny, Lizé et Bellest, ont été chargés de ce travail avec l'adjonction de M. Augustin Poussin, en remplacement de son père, empêché pour cause d'indisposition. La Chambre a voté successivement une adresse à Sa Majesté, une pétition à S. E. M. le Ministre de l'agriculture, du commerce et des travaux publics, et l'envoi de la Commission convertie en députation auprès du Corps législatif. Le Président a été autorisé à entrer en correspondance avec le député de l'arrondissement. Des tableaux ont été simultanément rédigés pour faire ressortir les discordances et les anomalies du projet de loi présenté par le gouvernement. Rien n'a été négligé dans ces graves conjonctures, et la Chambre, satisfaite des démarches de sa députation, lui a voté d'unanimes félicitations. Il est encore juste de rappeler que les Chambres de Louviers et de Sédan se sont trouvées aussi bien que le Comité central de défense du travail national en parfaite entente avec la Chambre, et que de toutes parts on a rivalisé d'efforts pour sauvegarder les intérêts de l'industrie. C'est à la suite de cet ensemble de faits que s'est accomplie la constitution d'un comité local qui devait naturellement s'inspirer à la source où il avait pris naissance. Le 9 octobre 1856, la Chambre a réclamé avec empressement, sur la proposition de M. Lizé, contre la diminution de 5 pour 0[0 que dans certains bureaux de douane on a prétendu faire subir tant sur l'importance des lisières des draps exportés, qu'à l'égard des tissus mélangés ou ayant des bandes mélangées de soie, tandis que le tissu qui en reçoit le plus, présente tout au plus la valeur d'une unité pour cent. Cette mesure se recommandait d'autant mieux, que les tissus mélangés de soie ont pris beaucoup de développement, et que les exigences douanières pouvaient entraver l'essor de la fabrique et l'esprit d'entreprise. Enfin, la Chambre a écouté très-favorablement et converti en délibération, le 20 décembre 1856, le rapport de M. Aubé qui lui a proposé de supplier M. le Ministre, 1° de modifier le décret du 5 novembre, en ce qui concerne les laines peignées, par la division de cette matière en trois catégories, frappées d'une augmentation proportionelle de droits suivant la finesse et suffisamment protecteurs ; 2° de doubler le tarif adopté pour les laines teintes.

Modifications proposées par le cabinet de Washington au congrès des Etats-Unis, dans la législation qui régit l'importation des marchandises étrangères.

Dans sa séance du 17 juin 1854, la Chambre a adopté le rapport de M. Lizé, sur l'avis qu'il convenait d'exprimer à M. le Ministre du commerce, en ce qui concerne le remaniement de la législation des Etats-Unis en matière d'importation des marchandises étrangères et ce rapport qui se prononce absolument en faveur du maintien des droits *ad valorem*, témoigne d'une égale préférence pour l'abaissement projeté de 5 pour 0[0 sur les droits portés au tarif.

Création d'un réseau de comptoirs en Asie-Mineure et en Perse.

La demande de concours adressée à la Chambre par M. Ferrère, pour l'établissement, en Asie-Mineure et en Perse, d'un réseau de comptoirs, a été renvoyée à l'examen d'une Commission composée de MM. Lizé, Augustin Delarue et Chennevière, mais elle n'a reçu en définitive aucune solution.

Echantillons de laine du cap de Bonne-Espérance.

La Chambre, après avoir pris connaissance, le 30 septembre 1854, de divers échantillons de laine du cap de Bonne-Espérance, a désigné M. Aubé pour lui faire un rapport sur la nature de l'emploi auquel pouvaient donner lieu les laines de cette provenance , et donné acte à son Rapporteur de la sage appréciation qu'il en a faite.

Echantillons de laines d'Australie envoyées par MM. Lafosse frères au nom de M. H. Noufflard.

Des remerciements ont été votés par la Chambre à M. H. Noufflard qui a bien voulu lui adresser , comme élément d'instruction en matière textile , des échantillons de laine d'Australie, par l'entremise de MM. Lafosse frères. La Chambre a reconnu avec satisfaction, dans cet envoi , la preuve du bon souvenir que conserve M. Noufflard à la ville dont il a partagé les travaux manufacturiers.

Echantillons de produits divers recueillis à Erzeroum (Turquie d'Asie.)

La Chambre a reçu du Gouvernement et par suite soumis à la fabrique des échantillons de produits divers recueillis à Erzeroum (Turquie d'Asie) , et pouvant servir d'indication pour le commerce d'exportation.

Sortie des écorces à tan.

Consultée plusieurs fois par M. le Préfet du département sur la convenance de laisser ou de ne pas laisser sortir les écorces à tan , la Chambre qui possède dans sa circonscription des intérêts forestiers, a fait toutes les enquêtes désirables pour n'émettre aucun avis qui eût pour effet de compromettre leur situation et les nécessités de toute nature qui s'y relient.

Fourniture des draps de troupe.

Du 17 février 1854 au 27 mars 1856 , la Chambre a tenu trente-deux séances pour contribuer de tous ses efforts à doter la ville d'un nouvel élément de travail.

Au début de cette longue série de labeurs , sous l'inspiration des sentiments les plus philanthropiques , alors qu'elle était particulièrement impressionnée des misères produites par le chômage et par la cherté du prix du pain , elle suppliait le Gouvernement de comprendre les manufactures de sa circonscription au nombre des centres industriels qui sont admis à soumissionner périodiquement la fourniture des draps de troupe. Quelques jours plus tard , elle renouvelait sa demande avec de plus vives instances, en la spécialisant toutefois, dans le but d'obtenir une fourniture immédiate. Le 11 mars 1854 , elle envoyait une députation vers Sa Majesté et les Ministres de son conseil , approuvait, le 30 du même mois, les termes de l'adresse présentée à l'Empereur et des mémoires remis à MM. les Ministres. Le 10 mai de la même année, elle était affligée d'apprendre que toutes les démarches de sa députation avaient été comme stériles. Enfin , les 15 et 26 du même mois, l'organisation de la garde impériale commençait à permettre de lui donner satisfaction.

C'est ainsi que graduellement , grâces à sa persévérante insistance, les fournitures ci-après ont été accordées à la fabrique d'Elbeuf, tant pour la garde que pour la troupe de ligne.

25,000	mètres	le	26	mai	1854.
15,000	»	le	10	juillet	»
55,000	»	le	27	décemb.	»
73,000	»	le	3	avril	1855.
144,000	»	le	9	août	»
144,000	»	le	18	janv.	1856.

Ensemble 456,000 mètres.

Les procès-verbaux de la Chambre font foi que, dans la répartition successive de ces diverses fournitures , elle a pris toutes les précautions désirables pour en généraliser autant que possible l'attribution, en ayant égard au chiffre relatif des impôts. La distribution des lots dans un certain nombre de catégories, aboutissant toutes à un centre commun d'action, lui a permis d'en surveiller tout le mécanisme et de faire en sorte que le gouvernement n'eût qu'à se louer des livraisons partielles et collectives. Elle avait décidé, pour en avoir la plus complète certitude, qu'aucune expédition n'aurait lieu sans être préalablement soumise au contrôle d'une commission prise en dehors de son sein, et dont MM. Lefort Henry, Savoye, Flamant , et plus tard ; M. Jacques Boisguillaume , en remplacement de ce dernier sérieusement empêché, ont bien voulu accepter la laborieuse mais honorable tâche. Elle a prévenu ultérieurement tout trafic dans la cession des lots et su atteindre également quiconque prétendait se soustraire à

la vérification de la Commission nommée par elle. Toutes ces mesures ont eu pour conséquence d'alimenter non-seulement le travail local, mais encore de lui ménager pour l'avenir une ressource avantageuse, et on doit savoir gré à la Chambre de son esprit prévoyant dans cette circonstance, si l'on veut bien se rappeler qu'elle avait à combattre des préventions ministérielles, dont l'origine datait d'une autre époque, et sur lesquelles elle n'a en aucune manière l'intention d'émettre une opinion. Elle a, pour ainsi dire, réglé pour longtemps la marche à suivre dans les transactions spéciales aux fournitures, et semé pour des fournitures futures et plus amples. Le 16 septembre 1854, elle apprenait qu'une part plus large que la part attribuée à sa circonscription dans la fourniture des draps destinés à l'armée, avait été faite à de gros fournisseurs qui en avaient favorisé des sous-traitants, et le vote d'une adresse à Sa Majesté émanait aussitôt de sa prompte initiative, tandis qu'une nouvelle Commission, composée de MM. Aubé, Lecerf et Lizé lui garantissait des démarches actives à l'appui du succès de cette même adresse. Enfin, le 25 février 1855, la Chambre étant instruite per un exposé de son Président que le Gouvernement avait accordé une fourniture de 700,000 mètres aux fabriques de Belgique et d'Angleterre, nommait MM. Lizé, Flavigny et Aubé pour faire valoir ses réclamations, et votait instantanément une nouvelle adresse à Sa Majesté, afin d'en appeler à son auguste décision d'un acte dont elle estimait que le travail national pourrait avoir à souffrir. La sollicitude de la Chambre s'est étendue jusqu'aux retards apportés dans le payement des draps expédiés par sa circonscription, aussi bien qu'aux refus d'admission que leur confection hâtive avait pu exceptionnellement déterminer.

Conseil des Prudhommes.

La Chambre a donné dans sa séance du 26 octobre 1854, un avis favorable aux modifications proposées par le Conseil des Prudhommes, pour que toutes les industries locales y fussent représentées dans la mesure du possible.

Elle a souscrit par son vote à l'élévation du nombre des prudhommes à celui de cinq prudhommes patrons et de cinq prudhommes ouvriers, en approuvant la définition de détail qui accompagnait le projet sur lequel elle avait à émettre un dire, mais elle s'est emparée de l'occasion qui lui était offerte, pour déclarer franchement à l'autorité que selon les enseignemens que lui avait fournis l'expérience, les effets de l'introduction de l'élément ouvrier dans les conseils des Prudhommes, et les difficultés inextricables qui en avaient procédé dans sa circonscription, lui avaient donné l'entière conviction que les intérêts de la classe ouvrière avaient plutôt perdu que gagné à l'innovation qui résulte du décret du 27 mai 1848.

Livrets d'ouvrier.

Consultée, par M. le Préfet dès sa première séance, sur l'opportunité d'introduire certaines modifications dans le préambule des Livrets d'ouvrier, la Chambre émet, le 30 avril 1853, le vœu que tout ce qui peut servir de règle de conduite aux détenteurs de ces livrets y soit rappelé et consigné, afin que nul ne puisse prétexter cause d'ignorance d'aucune loi et d'aucun règlement qui concernent les classes ouvrières, et qu'elles connaissent surtout les institutions de prévoyance et généralement celles qui peuvent le plus leur inspirer l'esprit d'ordre, d'économie et d'épargne.

Exécution de la loi des 26 décembre 1849, 29 janvier et 7 mars 1850 sur les conditions du tissage et du bobinage.

La Chambre s'est occupée, dans sa séance du 7 juin 1853, du bulletin prescrit par la loi du 7 mars 1850, en matière de tissage et de bobinage, et le rapport de M. Charles Flavigny sur cette question reste sur les procès-verbaux de ses séances, comme un document des plus instructifs. On aimera toujours à y retrouver des enseignements aussi clairs que lucides sur la possibilité de faire tomber en désuétude l'usage de la livre de compte qui est la cause de litiges sans nombre, et de la remplacer selon la prescription de la loi par l'unité de mille mètres.

Le Président, en vue de faciliter la transition d'un mode à l'autre, a eu des pourparlers, et a entretenu une correspondance suivie avec M. le Procureur-général-impérial du ressort, et plusieurs avis de la Chambre ont eu pour objet d'éclairer et de guider sûrement la Fabrique dans la voie qui lui était indiquée, mais les résultats qu'elle a voulu obtenir sont encore en grande partie à l'état d'expectative.

Le 18 janvier 1856, lorsqu'il s'est agi, sur une demande préfectorale, de faire connaître s'il existait de nouvelles industries dans la localité, auxquelles il y aurait lieu d'étendre la loi du 7 mars 1853, la Chambre a répondu négativement.

Durée des repas dans les ateliers industriels.

Des plaintes adressées à M. le Préfet du département sur les restrictions apportées à la durée des repas dans les ateliers industriels, ont été de la part de la Chambre l'objet d'un renvoi à une commission composée de MM. Chennevière, Delaruc et Collas. Le procès-verbal de la séance du 25 octobre 1854, contient des réflexions préliminaires du Président sur les causes de ces plaintes, qu'un rapport intéressant de M. Chennevière a réduites à leur plus simple expression, à la date du 5 décembre de la même année.

La Chambre n'a pas méconnu quelques abus dont elle a relevé toutefois l'exagération, elle a constaté simultanément une diversité produite dans les habitudes par le désir de faire, le soir, des économies d'éclairage, mais elle a proposé à M. le Préfet, d'après le rapport de sa commission, un mode de règlement fondé sur les convenances les plus propres à concilier tous les intérêts, et sur les faits les plus généralement admis, dont voici d'ailleurs les bases :

Du 1er janvier au 31 mars (*trois mois*).

Durée du déjeûner, de 11 heures à midi.

   »   du dîner   de 4   »   à 5 heures du soir.

Du 1er avril au 31 décembre (*neuf mois*).

Durée du déjeûner, de 9 à 10 heures du matin.

   »   du dîner   de 2 à 3 heures du soir,

avec cette observation que du 1er janvier au 31 mars, la journée de travail devra être circonscrite entre sept heures du matin et neuf heures du soir; du 1er avril au 31 août, entre cinq heures et demie du matin et sept heures et demie du soir; du 1er septembre au 31 octobre, entre six heures du matin et huit heures du soir; enfin, du 1er novembre au 31 décembre, entre sept heures du matin et neuf heures du soir.

Travail de nuit.

La Chambre, fidèle aux précédents inscrits sur le registre de ses délibérations des 9 août 1849 et 23 avril 1850, s'est prononcée abso-lument, dans la séance du 30 avril 1853, contre le travail de nuit, par les motifs d'humanité qui avaient inspiré la Chambre à laquelle elle a succédé.

Congés en matière de location des forces motrices.

Sur l'avis conforme d'une commission composée de MM. Collas, Édouard Turgis et J. Lecerf, et sur le rapport de ce dernier qu'elle avait choisi pour son organe, la Chambre, afin de combler une lacune sérieuse dans les conditions locatives des forces motrices, a cru devoir publier, après délibération, à la date du 17 juin 1854, que selon son opinion, on préviendrait utilement toutes contestations, en adoptant comme *usage*, la fixation à six mois, à partir du jour de l'avertissement qui pourra avoir lieu à toute époque de l'année, du délai dans lequel devront être donnés et reçus, en l'absence de conventions écrites, les congés en matière de location des forces motrices.

Insalubrité des huiles employées pour l'ensemage des laines.

Dans les huiles que la fabrique emploie pour l'ensemage des laines, la sophistication n'a pas seulement pour effet de nuire aux opérations manufacturières, elle peut encore être une cause d'insalubrité dans les ateliers de filature. Les ouvriers d'un établissement à cet usage en ont instruit M. le Préfet, qui a aussitôt réclamé l'intervention de la Chambre ; et, les 6 juillet et 6 septembre 1853, une commission composée de MM. Chennevière, Join-Lambert et Lecerf a démontré que la réclamation n'était pas fondée ; cependant, à d'autres titres, il suffit qu'une pareille question soit soulevée, pour que la Chambre y donne toute son attention ; dans sa séance du 9 septembre de la même année, elle avait adhéré avec empressement à des mesures proposées par M. Laurents, pour reconnaître, au moyen d'une certaine quantité d'huile d'olive pure prise pour type et pour point de comparaison, les huiles présentant un mélange susceptible de provoquer une fermentation et d'occasionner des incendies, sans préjudice de leurs autres inconvénients, afin d'en avertir la fabrique, mais ces mesures n'ont eu ni suite, ni exécution.

Abus relatifs au service tardif des voitures de foulonnier.

La Chambre, avertie le 15 juin 1853, dans un intérêt moral, que de graves abus se rattachaient au service des voitures des foulonniers, a prié l'autorité municipale de veiller strictement à la réforme de ces abus, en l'invitant à ne pas tolérer l'obligation imposée à une certaine catégorie d'ouvrières de fabrique d'attendre ces voitures au-delà de la durée de leur travail.

Mesurage uniforme des grains sur toute la France.

L'adhésion la plus complète a été donnée par la Chambre au mémoire par lequel la Chambre de commerce de Rouen, a cru devoir solliciter auprès du gouvernement un mode uniforme de mesurage des grains sur toute la France, avec le quintal de cent kilogrammes pour unité.

Approvisionnements des viandes salées de bœuf et de porc.

En apprenant que la commission municipale songeait à faire l'étude d'une mesure d'approvisionnement des viandes salées de bœuf et de porc, la Chambre a donné acte à M. Lizé du concours qu'il a proposé de donner spontanément à l'exécution de cette mesure, en lui prêtant l'appui de ses relations à l'étranger, et elle l'a adjoint conjointement avec M. Martel, le 27 février 1855, à la sous-commission de la commission municipale.

Ce n'est pas en cette seule circonstance que la Chambre a traité ces sortes de questions économiques, elle connaît trop le prix de l'existence à bon marché et son influence sur la question de la main-d'œuvre, pour ne pas saisir toutes les occasions possibles de modérer les charges de la production manufacturière.

POLICE SECRÈTE.
Répression des vols de fabrique.

Citer les vols qui se commettent au préjudice de la fabrique, c'est peut-être raviver l'une de ses plus grandes plaies. La tradition les fait figurer à toutes les époques, sans qu'on soit encore parvenu à couper le mal à sa racine.

Il n'existe pas de délit qui exige de la part de la police une répression plus vigoureuse, de même que la fabrique a personnellement à faire plus qu'elle n'a fait pour en prévenir les tristes effets. La Chambre n'a sur le service de la police secrète qu'une action essentiellement limitée à l'état officieux ; elle n'a pas plus d'influence auprès des manufacturiers pour obtenir d'eux qu'ils disposent de leurs déchets d'une manière uniforme ; mais c'est avec peine qu'elle voit se multiplier les établissements rivaux de celui qui attribue sous la dénomination de *Société libre* une notable part de ses bénéfices au Bureau de bienfaisance. Dix-huit procès-verbaux peuvent fournir, au registre de délibérations, la preuve qu'elle n'a jamais cessé de se préoccuper de la question. Des commissions nommées pour étudier les moyens de faire utilement fonctionner le service ; des souscriptions recueillies à cet effet, divers mémoires rédigés par l'un de ses membres les plus compétents, M. Lecerf, puis adoptés par elle ; voilà toute une série d'actes qui la met à l'abri du reproche d'indifférence. Cependant il y a momentanément comme un temps d'arrêt non pas, malheureusement, dans les vols, mais dans la distribution des subsides nécessaires au service ; la Chambre, après épuisement d'un premier fonds recueilli par souscription, et faisant suite à un ensemble de fonds précédents, reste en présence de deux encaissements à faire de deux annuités de cette même souscription dont la première est exigible, elle croit avoir besoin de méditer mûrement, avant de s'engager plus avant dans les anciennes voies ; ce sera pour le commencement de la période nouvelle une œuvre ardue à laquelle on peut être assuré que la Chambre ne fera point défaut. Elle a pour s'éclairer tous les documents désirables, notamment un travail dû à MM. Ed. Bellest, Chennevière et Bourdon, mais il lui faut surtout le double appui de la Fabrique et de la Police ; celui de la première, pour procéder par unité ; celui de la seconde, pour poursuivre sans relâche un commerce frauduleux. Elle a donné, par un message de son Président, à la Chambre de commerce de Verviers, qui les lui demandait, des renseignements utiles ; elle en empruntera elle-même à la Société des déchets de la ville de Rheims, dont elle a lu avec intérêt le dernier compte-rendu ; elle a mis à l'étude un projet d'association pour l'emploi des déchets de fabrique, elle est enfin déterminée à ne rien omettre pour avoir raison d'un fléau qui finirait par compromettre à la longue les destinées de sa circonscription, si on ne s'attachait pas à le détruire radicalement par tous les moyens possibles.

CHEMINS DE FER,

Embranchement de Tourville à Serquigny.

La Chambre a été divisée sur la question des deux tracés de l'embranchement de Tourville à Serquigny ; mais elle a fini par accorder, le 6 septembre 1853, sa préférence officielle à l'opinion de M. Chennevière, contrairement à celle de son Président, en votant pour le tracé rouge dans la direction de la plaine de Neubourg ; toutefois, elle n'a pas admis que la traverse d'Elbeuf eût lieu, en se dirigeant des rives de la Seine vers les terrains longeant le Cimetière Saint-Jean. Elle s'est au contraire prononcée pour une direction inverse, vers Caudebec. Subsidiairement elle a émis le vœu que dans l'hypothèse de l'adoption du tracé bleu, on se dispensât de barrer le bras de Seine qui sert en hiver de remise et d'abri aux pontons des teintureries.

Le 5 mai 1855, alors qu'une lettre de M. Thorel, membre du Conseil général du département, lui donnait comme l'espérance que la Compagnie des chemins de l'Ouest pourrait, à cause des travaux de surélévation à pratiquer sur divers ponts de la Seine, être amenée à rectifier le parcours de la ligne de Paris à Rouen, et à desservir directement les villes de Louviers et d'Elbeuf ; elle a composé de MM. Bourdon, Flavigny et Poussin une commission qui a cherché à s'entendre avec les délégués de la ville de Louviers, mais après quelques démarches en commun, il a été démontré que M. Thorel avait été inexactement informé, et la commission n'a plus eu d'objet.

Plus tard, le 15 décembre 1856, le registre des délibérations constate l'adoption d'un projet de délibération rédigé par le Président de la Chambre et fortement motivé, pour inviter la Compagnie des chemins de l'Ouest à modifier son tracé bleu en ce sens qu'il doive pénétrer dans Elbeuf avant de se diriger vers sa destination par les cantons de Bourgtheroude et de Montfort-sur-Risle. Cette délibération, qui a reçu l'adhésion de la Chambre de commerce de Rouen, contenait en même temps, pour M. le Ministre de l'agriculture, du commerce et des travaux publics, la prière la plus instante de ne pas autoriser l'exécution de l'embranchement sans la variante demandée par la ville d'Elbeuf, et séance tenante la Chambre ajoutait à cette double expression de sa pensée, l'envoi d'une adresse à Sa Majesté, dont M. Flavigny lui avait préalablement soumis la rédaction.

La Chambre a approuvé, le 19 mai 1856, mais en croyant devoir s'abstenir de l'apostiller, malgré la demande qui lui en était faite par la Chambre de commerce d'Amiens, un projet de chemin de fer de Rouen à Saint-Quentin par Amiens et Ham.

Le service des trains au renouvellement de chaque saison subit, sur la ligne de Paris à Rouen, des changements préjudiciables au mouvement des voyageurs d'Elbeuf, et les 26 juin 1855 et 26 juin 1856, la Chambre a dû présenter des observations contre la suppression en été des convois *express* du soir et du matin, à la Compagnie des chemins de l'Ouest qui n'a pas hésité, de son côté, à rétablir les choses de telle sorte que le transport des voyageurs n'en souffrît plus.

Prix uniforme de transport sur les chemins de fer

Plusieurs communications de la Chambre de commerce de Rouen, en 1854-1855, et subséquemment l'avis de l'envoi, en 1856, d'une pétition de l'Industrie et du Commerce rouennais au Sénat, ont conduit la Chambre à examiner les réclamations formulées en faveur d'un prix uniforme de transports sur les chemins de fer, et M. Aubé désigné par elle pour faire l'instruction de cette question, a conclu dans un premier rapport à ce que la Chambre voulût bien surseoir à se prononcer ; dans un second rapport, il lui a conseillé l'abstention. C'est en cet état qu'est encore la question.

Transport des marchandises par les bateaux porteurs de Rouen et Elbeuf à Paris, et de Paris à ces deux premières villes

Informée par la rumeur publique que les bateaux porteurs avaient un tarif plus élevé pour le transport de Paris sur Elbeuf et Rouen, que pour ceux de ces deux villes à Paris, la Chambre a, le 10 mai 1854, chargé de l'étude de cette question MM. Flavigny, Aubé et Poussin, afin d'aviser utilement sur leur rapport à l'égard de ces prix différentiels de transport qui préjudicient sa circonscription.

Agrandissement du port d'Elbeuf. Extension et amélioration simultanées des quais de débarquement

Il est permis à la Chambre de revendiquer avec succès une large part dans la préparation du double projet d'agrandissement du port d'Elbeuf, et d'extension et d'amélioration des quais de débarquement. Mise en rapport par son Président avec M. l'ingénieur Emmery, la Chambre peut être fière de la reproduction des considérations de toute nature qu'elle a fait valoir, dans le texte du rapport soumis à l'autorité compétente par cet honorable ingénieur.

Aujourd'hui que le projet a reçu un commencement d'exécution, et qu'il s'achèvera en peu d'années, elle doit s'applaudir d'avoir fait tous les efforts imaginables pour qu'il réussît. Ses félicitations à M. Emmery, sont la juste récompense du dévouement qu'il a témoigné à la ville d'Elbeuf, et c'est un honneur pour la Chambre d'avoir pris une part active au développement des moyens de débarquement qui sont enfin assurés aux intérêts qu'elle a mission d'aider, de protéger et de défendre.

Six séances ont été consacrées à tendre vers ce but éminemment satisfaisant.

Enseignement professionnel au chef-lieu du département.

La création d'un enseignement professionnel au chef-lieu du département, a été pour la Chambre le sujet d'une pétition à M. le Préfet et parmi les raisons militantes dont le Conseil général du département s'est pénétré pour fonder cet enseignement le 16 septembre 1854, celles qui ont pris place dans le travail de la Chambre, n'ont pas été les moins influentes ; il est désirable que sa circonscription puisse en recueillir tout le profit qu'elle est en droit d'en attendre.

Projet de création d'une Société industrielle.

Le 9 août 1855, la Chambre écoutait un exposé très-étendu de son Président sur l'un des rapports de la Société industrielle de Mulhouse et sur l'avantage qu'il y aurait à emprunter à cette Société l'idée d'en créer une semblable à Elbeuf même. Elle en saisit aussitôt une commission, composée de MM Flavigny, Aubé et Poussin à laquelle son Président remit un nouveau travail. Le 15 octobre de la même année, la Société de Mulhouse communiqua ses statuts et plusieurs notices diverses. Le 11 septembre 1856, elle envoya également le programme de ses prix.

De cet ensemble de documents il résulte qu'on peut, à l'imitation de Mulhouse, créer, dans un centre industriel qui a un égal besoin de faire un faisceau d'efforts et de concentrer ses forces au lieu de les éparpiller, une institution dont le concours ne peut que seconder ses développements naturels. La Commission qui est chargée d'en préparer l'organisation, ne peut pas se dissimuler tout le bien qui doit en découler, elle ne manquera pas d'offrir à la Chambre, dans la nouvelle période de ses travaux, le tribut de ses études approfondies et ce sera un bienfait que lui devront aussi bien les classes élevées que les classes ouvrières de la localité.

Ouvrage de M. Audiganne sur les populations ouvrières et les industries de la France, dans le mouvement social du XIXᵉ siècle.

La Chambre, en jetant les yeux sur la partie qui concerne et qualifie sa circonscription dans l'ouvrage d'un savant économiste, M. Audiganne, sur les populations ouvrières et les industries de la France, dans le mouvement social du XIXᵉ siècle, a approuvé une série d'observations que son Président lui a proposé d'envoyer à l'honorable auteur. Elle diffère surtout avec lui sur l'appréciation qu'il a faite sur la foi d'insinuations erronées et sans enquête suffisante, des rapports qui existent entre les patrons et les ouvriers. M. Audiganne a vu malheureusement la règle là où ne se trouvent que de très-rares exceptions; la Chambre diffère encore avec lui sur le véritable lieu de la renaissance du genre d'étoffes dites nouveautés, ne voyant pas trop sur quoi il se fonde pour en gratifier la fabrique de Sedan à l'exclusion de la fabrique d'Elbeuf. Il a surgi de là une correspondance entre M. Audiganne et la Chambre qui a souscrit pour douze exemplaires à une seconde édition de l'ouvrage, où elle attend de l'impartialité de l'auteur des rectifications qu'elle a dû indiquer.

Établissement d'un fil électrique.

Il n'était pas douteux qu'au milieu de la progression en toutes choses qu'elle aperçoit autour d'elle, la Chambre ne comprît l'urgence d'accélerer la rapidité des communications en matière de correspondance; aussi le 24 novembre 1854 demandait-elle avec instance l'établissement d'un fil électrique, en désignant, pour y contribuer en qualité de commissaires à sa représentation, MM. Aubé, Flavigny et

Lizé, et c'est avec une vive satisfaction qu'elle enregistrait, le 29 mars 1856, le rapport de M. Lizé sur cette mesure d'utilité commerciale.

***

Cours des fonds publics.

Avant l'établissement dont il vient d'être parlé, et jusqu'à ce qu'il fût en activité, la Chambre était parvenue, avec le concours du Cercle commercial, à organiser, dès le 15 juin 1853, un service quotidien pour faire connaître dans la localité, et le jour même de leur fixation, le cours des fonds publics.

***

Poste aux lettres.

Le 10 juillet 1854, la Chambre a été loin d'être étrangère, par une réclamation spéciale, au plus grand développement possible de la distribution locale des timbres-poste.

Le 9 octobre 1856, elle appuyait énergiquement, auprès de M. le Ministre des finances, une pétition signée par un grand nombre de commerçants pour signaler à Son Excellence des abus et des soustractions dont l'imputation n'atteignait pas le bureau local, mais qui n'en étaient pas moins très affligeants et compromettants pour les intérêts de son rayon postal.

Une dépêche de Son Excellece, à la date du 26 novembre 1856, la mettait à même de rassurer pour l'avenir sa circonscription.

***

Législation relative aux marques de fabrique.

Le registre des délibérations contient, à la date du 27 février 1855, une adhésion, sans réserve, aux réclamations pressantes de la Chambre de commerce de Rouen, à l'égard du projet de loi relatif aux marques de fabrique, et le 19 mai 1856, un vœu spécial de la Chambre a rappelé à M. le Ministre du commerce l'urgence des mesure légales les plus énergiques.

La Chambre a signalé particulièrement les expédients à l'aide desquels on substitue sur les marques tel lieu de production ou tel autre, et le préjudice que causent ces usurpations aux centres manufacturiers, dont la réputation fondée par une longue suite de travaux, devrait être sauvegardée par la loi ; de pareilles fraudes intéressent à plus d'un titre le commerce honnête.

Publication par le journal la France industrielle et maritime, *d'un article concernant l'emploi des matières dites de Renaissance.*

C'était un devoir pour la Chambre de protester, comme elle l'a fait le 24 août 1855, dans le journal *le Nouvelliste de Rouen*, sur l'appui duquel elle peut toujours compter, contre les insinuations qui s'étaient fait jour dans un autre journal *la France industrielle et marime*, au sujet de l'empoi dans sa localité des matières dites de Renaissance, et elle y a d'autant moins manqué, qu'elle s'est préalablement assurée que l'article était contraire à la vérité et que l'industrie elbeuvienne progresse librement sans avoir besoin d'avoir recours à des matières autres que celles qu'elle peut hautement avouer.

Répression de la fraude dans le débit des marchandises.

Répondant à M. le Préfet, dans sa séance de 9 novembre 1853, à l'occasion de la répression de la fraude dans le débit des marchandises, la Chambre a donné son avis motivé sur la réglementation des bougies et chandelles.

Projet de fusion entre les compagnies houillères du département du Pas-de-Calais.

La Chambre a remercié, le 24 novembre 1854, la Chambre consultative des arts et manufactures de la ville de Roubaix, de lui avoir fait connaître un projet de fusion entre les Compagnies houillères du Pas-de-Calais, qui lui a paru impliquer par sa nature, de la part des extracteurs de houille, une entente nuisible aux usines à vapeur de son rayon ; elle a fait en conséquence, dans le même ordre d'idées, une protestation que son Président, à la diligence duquel elle l'a confiée, s'est empressé aussitôt de faire parvenir au Département de l'agriculture, du commerce et des travaux publics.

Régulateurs destinés aux chaudières à vapeur par M. Roynette.

Le 26 novembre 1856, sur le rapport favorable de M. Chennevière, la Chambre a autorisé M. Roynette à déclarer dans ses prospectus qu'elle s'est rendu compte de l'utilité pratique des régulateurs destinés aux chaudières à vapeur pour lesquelles il a obtenu un brevet d'invention et qu'elle en a favorablement apprécié le mérite et les avantages.

Procédé du sieur Alavoine pour soulager le travail des ouvriers tisserands.

Tous pouvoirs ont été donnés, le 17 septembre 1856, par la Chambre à son vice-président, M. Chennevière, pour l'examen d'un procédé destiné à soulager le travail des ouvriers tisseurs, conformément à la demande que lui en a été faite par l'inventeur de ce procédé, M. Alavoine.

Frein de stoppage du sieur Moulin, pour arrêter les trains dans leur marche sur le parcours des chemins de fer.

Le plan d'un frein de stoppage a été soumis à la Chambre, le 1er décembre 1855, par M. Moulin, comme un moyen satisfaisant d'arrêter les trains dans leur marche sur les voies de fer, mais il n'a été donné aucune suite à la demande de l'auteur, qui l'a retirée pour la porter devant les Compagnies des chemins de fer, qu'elle intéresse plus directement.

Projet de modifications à la loi sur les Brevets d'invention, en vue de la prochaine révision de la loi du 5 juillet 1844.

La Chambre a été consultée, le 7 février 1855, par M. le Ministre de l'agriculture, du commerce et des travaux publics, sur les modifications que le Gouvernement se disposait à présenter à la sanction du Corps législatif, relativement à la loi qui régit les brevets d'invention depuis le 5 juillet 1844, et son Président, de concert avec MM. Lecerf, Flavigny et Chennevière, réunis en commission, lui a présenté le 23 mars 1855 un travail complet sur ce projet de révision de la législation existante.

Parmi les dix questions dont avait à s'occuper la Chambre, la septième question lui a donné l'occasion de reproduire, quoiqu'il ait été rejeté par l'ancienne Chambre des députés, un amendement de l'honorable M. Marie ainsi conçu

« Ne sera pas réputée nouvelle toute invention, qui en France ou à l'étranger et antérieurement à la date du dépôt de la demande, aura été industriellement pratiquée ou décrite d'une manière technique dans un ouvrage imprimé et publié. »

Les développements auxquels s'est livrée la Chambre à ce sujet empruntaient à l'actualité de certains faits une profonde logique et il serait heureux que le Gouvernement finit par y avoir égard.

L'opinion de la Chambre sur la dixième et dernière question a été plutôt favorable à la juridiction soit d'un jury spécial, soit de jurys départementaux, qu'au maintien de celle des tribunaux civils, pour l'examen des délits de contrefaçon et de toutes les contestations qui intéressent les inventeurs, à ce point de vue spécial que les tribunaux n'en connaissent, la plupart du temps, que par des experts qui n'offrent pas toujours les garanties spéciales de capacité que réclame l'intérêt des justiciables.

Draps de velours.

Dans sa séance du 30 mars 1854, une Commission composée de MM. Edmond Join-Lambert, Lizé, Delarue, Aubé et Lecerf, a été instituée pour examiner la question de savoir : si le veloutage des draps est l'effet d'un procédé d'invention nouvelle, ou si ce procédé n'est pas plutôt depuis longtemps dans le domaine public, et le 17 juin de la même année, la Chambre a adopté, sur les conclusions conformes d'un rapport très-explicite de M. Lecerf, l'opinion que le brevet obtenu par M. de Montagnac de Sedan, pour le veloutage des draps, ne constitue pas un droit exclusif tel qu'il le prétend, parce que les draps-velours ont été produits à Elbeuf sous différentes formes, ainsi qu'il résulte des antécédents constatés dans l'enquête à laquelle cette question a donné lieu.

Statistique industrielle.

La Chambre a recueilli sur son registre de délibérations, à la date du 11 mars 1854, des états de statistique industrielle, dont elle est redevable aux soins intelligents de M. Lefort-Henry ; aucune recherche statistique n'a été faite depuis lors, mais le comité local de défense du travail national assemble et réunit présentement de précieux et de récents éléments dont il a l'intention de faire hommage à la Chambre, pour qu'elle en déduise, selon ses lumières, les instructives conséquences.

Exposition universelle.

La Chambre a dû faire place, dans le travail préparatoire des mesures qui ont précédé, au milieu de sa circonscription, l'Exposition universelle, à un Comité cantonal qui avait son existence propre, mais elle était avec lui, elle lui avait prêté son esprit de bienveillant encouragement; un grand nombre de ses membres comptaient dans ses rangs, et partageaient ardemment ses soins et ses travaux, et lorsque pour prix de ses progrès manufacturiers, la ville d'Elbeuf a obtenu cette grande médaille d'honneur qui grandit tant son nom à l'intérieur comme à l'étranger, c'est son Président qui l'a reçue au nom de la la Chambre elle-même, des mains de M. le Préfet, pour la placer dans le lieu de ses délibérations, d'où elle semble planer sur ses efforts et présider à tous ses actes.

RAPPORT fait à la Chambre consultative des arts et manufactures de la ville d'Elbeuf, le 11 septembre 1856, par son Président, sur tous les faits consignés dans ses procès-verbaux, relativement à la double question de la défense du travail national et du libre-échange.

MESSIEURS,

Au milieu des circonstances où se trouve placée l'industrie, lorsque le projet de loi portant retrait des prohibitions excite de justes et vives alarmes dans notre rayon manufacturier, par la seule raison qu'on peut craindre d'être transporté du domaine du connu dans celui de l'inconnu', un exposé préliminaire de la question devient utile, sinon indispensable.

Le Corps législatif a clos sa session sans que la Commission nommée dans ses bureaux ait présenté son rapport sur le projet de loi, et le Gouvernement, avant que cette assemblée se réunisse de nouveau, a prescrit une enquête sur la demande respectueuse de toutes les industries intéressées.

Cette enquête aura lieu devant une Commission spéciale du Conseil supérieur du commerce.

Si l'on se reporte aux précédents, on verra comment il a été procédé, en 1834, à une mesure tout-à-fait analogue.

A cette époque, une circulaire ministérielle annonça aux Chambres de commerce et consultatives quelles étaient les intentions du Gouvernement d'alors, qui reconnaissait que l'enquête était la meilleure manière de constater les faits comme base, selon lui, d'une détermination sage et prudente.

La Chambre consultative d'Elbeuf confia aussitôt à l'un de ses membres la rédaction d'un mémoire destiné à signaler les dangers d'un changement, et toutes les considérations militantes en faveur du maintien de la prohibition.

Elle convoqua ensuite tous les industriels et commerçants de sa circonscription pour leur communiquer la dépêche ministérielle, et le rapport qu'elle avait fait rédiger.

Ce rapport fut déposé pendant un certain délai, afin que chacun pût en prendre connaissance, avec la faculté d'y proposer telles additions ou modifications que la Chambre, après examen, croirait devoir y introduire.

La Chambre désigna enfin un délégué, et les industriels et les commerçants en désignèrent eux-mêmes un autre, qui reçurent conjointement mission de soutenir une opinion essentiellement homogène, devant le Conseil supérieur du commerce.

Telle est la marche que suivront probablement encore les choses ; toutes les observations d'où qu'elles viennent, devront être recueillies pour servir à la défense commune, mais avant de les provoquer, c'est un devoir pour la Chambre de faire précéder son plan d'opérations du rappel du passé.

L'institution d'une Commission d'enquête indique suffisamment qu'il ne peut pas y avoir de parti pris, et que le Gouvernement dans sa haute sagesse veut sincèrement s'entourer, au préalable, des lumières d'une discussion satisfaisante et rassurante à tous égards pour tous les intérêts ; mais on ne saurait jamais trop tôt se mettre sur la défensive ; il est indispensable d'agir en dehors de toute précipitation, de guider, de préparer et de mûrir longtemps à l'avance tous les documents qui pourront se produire ; il convient donc que chacun en obéissant aux instincts de conservation, dont la sollicitude qu'inspire le sort de nos classes ouvrières est le principal moteur, soit préalablement bien renseigné, pour apporter à la Chambre sa quote-part d'observations, de comparaisons et d'éléments statistiques, sans autre prétention, que celle de l'à-propos, puisqu'on peut être sûr qu'elle fera elle-même tous les classements et toutes les éliminations nécessaires, et qu'elle développera au besoin toute idée qu'elle n'aurait reçue qu'en germe et qui pourrait prendre avec son aide et son appui, sous l'influence de son expérience et de ses connaissances spéciales, toutes proportions utiles et susceptibles d'effets.

En matière de stratégie, on ne masse pas ses troupes, on ne s'organise pas en corps de bataille, avant d'avoir fait le recensement de ses forces et de ses chances de succès, ni d'avoir fait observer par des éclaireurs les ressources des adversaires; voilà pourquoi dans la lutte qui se prépare, il importe tout d'abord de fonder non pas une attaque de droits protecteurs, pouvant dégénérer avec le temps en libre échange, mais la défense de la prohibition sur des examens rétrospectifs, soit à titre d'aperçus généraux, soit à titre d'aperçus spéciaux et locaux.

Le premier Empire, en faisant succéder pour le bonheur de la France, un ordre de choses régulier à la Révolution, qui avait amoncelé les ruines sur le sol national, devait naturellement accorder la protection la plus large, aux intérêts industriels qu'il trouvait, après la tourmente révolutionnaire, moins avancés peut-être qu'ils ne l'étaient à la suite de l'impulsion donnée par Colbert aux fabriques, jusqu'à la révocation de l'Edit de Nantes, qui vint compromettre l'édifice manufacturier, si laborieusement construit par ce grand ministre.

La Révolution les avait affranchis plus tard d'une foule d'entraves qui comprimaient leur élan, mais une liberté sans limites et sans frein, loin de remédier au coup funeste que leur avait porté le désastreux Traité de 1786, les avait précipités au contraire dans une confusion profonde.

Napoléon, avec son regard d'aigle s'aperçut aussitôt que la fermeture des barrières était le moyen unique de ranimer l'industrie. Il n'est pas question ici de rappeler le blocus continental, qui n'était qu'une exagération motivée par les exigences de la guerre, ni le décret du 13 décembre 1810, qui ordonna de brûler les marchandises anglaises importées sur le Continent, mais on peut répéter avec l'histoire que, pendant toute la durée du premier Empire, le principe de la prohibition fut absolu dans son application.

En 1814, la Restauration eut un seul instant l'idée malheureuse de laisser introduire en France les marchandises étrangères en les soumettant à des droits d'entrée.

Consultée à ce sujet par le Gouvernement, la Chambre consultative d'Elbeuf répondit en ces termes :

« Ce serait en vain que l'on voudrait remplacer le régime de la prohibition par un droit d'entrée quelque fort qu'il fût. Tous les moyens de fraude seraient mis en usage pour en affranchir les draps étrangers, et ces draps une fois entrés en contrebande sur le territoire français, seraient censés avoir subi l'impôt. Ce n'est donc que d'une prohibition absolue que l'on doit attendre la prospérité des fabriques. Des milliers de bras oisifs réclament impérieusement cette mesure. Ce n'est pas d'ailleurs une innovation que demande la Chambre. Avant la conquête de la Belgique, les draps étaient rigoureusement prohibés et les fabriques étaient alors dans une permanente activité. »

La Restauration comprit ce langage, et jusqu'en 1830, où elles firent explosion, les théories qui pouvaient tenter d'égarer l'opinion demeurèrent à l'état de lettre close.

On peut voir par les tableaux comparatifs des deux statistiques de 1814 et de 1830 sur les registres de la Chambre, combien cette trève avait profité au développement du travail et des moyens de production, et combien le prix moyen des produits de toute nature avait sensiblement baissé, par l'unique effet de la concurrence intérieure dont on n'apprécie pas assez l'action influente.

C'est une première démonstration que la fabrique d'Elbeuf n'avait point abusé du régime prohibitif, et qu'elle en avait fait vertir les bienfaits au profit de toutes les classes de la société.

Du 9 août 1830 au 26 octobre 1833, pendant que les utopistes assistés des journaux surexcitaient à l'envi une levée de boucliers contre la prohibition, la Chambre disposait lentement, mais énergiquement, ses moyens de défense ; tout était comminatoire autour d'elle, aussi fut-elle une des premières à éveiller l'attention du Gouvernement sur la fraude qui s'exerçait à la suite du désordre occasionné par une nouvelle révolution.

Cette fraude plus active à cause des circonstances, lui semblait devoir avoir , dans l'état de la législation , pour résultat inévitable de ruiner les fabriques et de spolier le trésor public.

Elle s'attachait en même temps à combattre les idées que pouvait faire naître, dans l'esprit du Gouvernement , l'opinion émise par quelques publicistes : « *que la liberté illimitée du commerce était devenue une nécessité et l'objet des souhaits des manufacturiers eux-mêmes.* »

Le 9 janvier 1831, elle accueillait avec une faveur notable un Mémoire remarquable de M. Petou fils , contre l'éventualité de la réunion de la Belgique à la France.

Ce Mémoire portait en substance que la Fabrique d'Elbeuf n'avait dû son accroissement qu'à la prohibition des marchandises Belges. « *La Belgique* , disait résolument ce jeune manufacturier, *par sa situation , au centre des mines de charbon, est toute manufacturière ; elle ne consommerait que quelques produits du sol français , en l'inondant de toute sa production de tissus. — La question Belge est une question de vie ou de mort.* »

Le 11 février de la même année, M. Henry Lefort prouvait , dans un autre Mémoire , inspiré par les mêmes craintes, que les fabriques françaises n'exportaient pas plus du vingtième de leurs produits, et qu'elles ne pouvaient se soutenir que par l'alimentation exclusive du marché intérieur.

La Chambre, après deux années de relâche , travailla utilement dans les premiers mois de 1833, à établir d'intéressants rapports entre le droit d'entrée des laines étrangères et le drauwback à la sortie des marchandises fabriquées.

On peut citer parmi ses travaux les plus instructifs, l'étude qu'elle fit , le 4 février de ladite année, d'après des calculs d'une précision irrécusable, d'une augmentation , dont il ne semble pas qu'on ait jamais tenu compte , dans le prix des produits pour raison des droits d'entrée sur les matières colorantes et autres dont elle est obligée de faire usage indépendamment de la laine ; cette augmentation qui pourtant pesait sur sa production , était alors évaluée à 38 c. par aune.

Enfin , le 26 octobre 1833, il ne fut plus possible de douter de l'imminence de la lutte. L'un des ministres du roi , M. Thiers, dont on avait appris le prochain passage à Elbeuf, accepta le banquet qui lui était offert à cette occasion. Il fit connaître que pendant sa visite , il écouterait toutes les observations auxquelles donnerait lieu , l'opinion qu'il ne craignait pas d'émettre, que la prohibition pourrait être

levée et remplacée sans trop de désavantage par un droit protecteur
de 40 pour 0[0, qu'avec ce droit les fabriques françaises n'auraient
rien à redouter de l'introduction des draps belges et anglais.

M. Thiers a bien modifié depuis ses idées économiques, il suffit de
relire, pour s'en convaincre, la vigoureuse réponse qu'il fit à M. Sainte-
Beuve à l'Assemblée législative, lorsque ce représentant faisait appel
à tous les sophismes pour introduire le libre échange en France, au
milieu de la division des partis et de l'inconnu qui dominait la situation politique du pays.

Peut-être cette conversion qui ne peut qu'honorer un homme de la
haute valeur de M. Thiers, fût-elle due, en principe, au profond
accent de conviction avec lequel l'homme le plus éminent de la localité, l'homme qu'elle doit gémir aujourd'hui plus que jamais de ne
plus compter au premier rang de ses défenseurs, avec lequel en un
mot l'honorable M. Victor Grandin, de si regrettable mémoire, expo-
sa les alarmes de la Chambre et de tous les intérêts dont elle était l'organe.

Dans le document élaboré par M. Grandin et transcrit en entier
sur les registres de la Chambre, il n'y a pas encore aujourd'hui, malgré la différence et la progression des temps, une seule ligne qui n'ait
une portée juste et précise.

Si l'on était consulté sur la levée de la prohibition, c'était de la
part des intéressés un tort, selon M. Grandin, que de ne pas répondre *carrément par la négative*, plutôt que de signaler des difficultés
d'exécution.

Si le Gouvernement voulait accorder une large protection, pourquoi changer ce qui existait, puisque des progrès sensibles en attes-
taient l'efficacité, et que les moyens de produire s'étant perfectionnés,
une concurrence salutaire entre les nationaux avait suffi pour abaisser très-sérieusement les prix.

On est vraiment frappé à la simple lecture de ce document, de la
netteté avec laquelle l'auteur a su peindre à larges traits l'insuffi-
sance de l'action des droits et la facilité des abus pour s'y soustraire,
toutes les précautions prises par les Anglais avant d'abandonner la
prohibition, qui a été si longtemps leur sauvegarde, leur acte de navigation, leurs lois de douane, leur admiration railleuse pour les
théories d'Adam Smith, qu'ils se sont abstenus, pendant quarante
ans, de mettre en pratique, quand leur grand-ministre Pitt, qui ad-

mirait lui-même le talent de cet économiste n'en rejetait pas moins les conseils de son école, la richesse houillère et métallurgique de leur sol comparée à la pénurie du nôtre ; la multiplicité de leurs canaux, de leurs chemins de fer et de leurs voies de communication ; leurs établissements gigantesques, leurs principes d'association, leur constitution civile, l'agglomération et la puissance de leurs fortunes et de leurs capitaux, enfin leur esprit national, pour en faire ressortir tant de causes d'inégalité, et demander si pour une décevante satisfaction à l'intérêt vinicole, on voulait, au prix de la ruine des fabriques et de l'anéantissement du travail en France, obtenir ces traités de l'*assiento* et de *Méthuen*, qui ont désolé l'Espagne et le Portugal.

Parallèlement au travail de M. Grandin, mais après la visite de M. Thiers, un autre travail aussi concluant, mais plus méthodique, émanait de la plume savante de M. Lefort-Henry, pour prendre également place sur les registres de la Chambre, et l'on peut y puiser encore aujourd'hui des arguments aussi nerveux et serrés que logiques.

M. Lefort répondait à des questions d'un ministre de la monarchie de juillet et ces questions pourront devenir si non en la forme du moins quant au fond celles que le gouvernement de Sa Majesté sera bientôt conduit à poser aux Chambres consultatives et du commerce.

C'est ainsi que M. Lefort est parvenu à démontrer avec un véritable talent :

1° Que la fabrique d'Elbeuf n'avait pas cessé de faire des progrès incontestables à l'abri du régime prohibitionniste.

2° Que la prohibition ne pouvait pas être remplacée par des droits sans compromettre l'existence des fabriques, et que la levée des taxes qui frappaient à leur entrée les matières premières, serait loin d'être une compensation suffisante.

3° Que la presse n'était nullement l'organe de l'opinion publique dans toutes ces questions.

4° Enfin, que les fabriques s'alarmaient avec raison, et que si elles avaient à redoubler d'efforts pour se préparer à la lutte, elles n'en pourraient pas faire de plus grands que ceux qu'elles avaient faits en l'absence d'un prétendu stimulant gros d'orages, de ruines et de misères.

Le Ministre avait annoncé que, dans la transition, le Gouvernement voulait s'entourer de toutes les précautions désirables, et M. Lefort, dans sa réplique, produisait à l'appui de son argumentation, sans se préoccuper des idées fiscales, un état statistique des progrès de la production à partir de 1814.

Les moyens mécaniques avaient remplacé le travail manuel sur une très grande échelle ; les conditions de la teinture, de la filature, du tissage et de tous les ouvages à façon, avaient subi une immense réduction ; on faisait un meilleur emploi des matières premières et les produits manufacturés avaient relativement baissé de prix. C'était une nouvelle et concluante démonstration que les clameurs de la presse portaient à faux.

Plus tard, parut un nouveau travail de M. Lefort-Henry, rédigé pour l'enquête commerciale de 1834, mais dont cette enquête, dans les cinq volumes consacrés aux débats qu'elle recueillit, ne fit aucune mention ; malgré les protestations de la Chambre, et cette œuvre eut l'insigne mérite d'obtenir l'adhésion à-peu-près unanime du commerce et de l'industrie.

Elle devint le cahier où les deux délégués de la localité, MM. Grandin et Lefort lui-même dûrent puiser leurs soutiens et leurs dires devant le Conseil supérieur du commerce, et la Chambre est heureuse d'y retrouver un groupe substantiel de faits et de considérations entièrement applicables à l'actualité.

Le Ministre avait critiqué le peu de progrès que semblait, d'après les clameurs mensongères de la presse, avoir fait l'industrie, sous l'empire du monopole exclusif de la consommation intérieure, mais le cahier lui opposait, avec les états statistiques, des preuves évidemment contraires.

Le Ministre ajoutait qu'on avait fait une révolution pour détruire les privilèges, et la prohibition était elle-même un dernier privilège qui restait debout et qui ne pouvait demeurer éternel ; mais on lui répondait que la nécessité de sauvegarder le travail national, exonérait ce nom, de tout ce qui pouvait le rendre odieux et qu'on ne pouvait y toucher, sans attirer sur le pays, à la suite des chômages et des crises plus fréquentes, la ruine et la désolation.

On avait représenté l'intérêt vinicole comme étant sacrifié à cause des représailles des pays voisins, dont il serait la première victime, et l'on répliquait avec avantage que les plants de vignes s'étaient multipliés démesurément au préjudice de la qualité des vins, que les habitudes anglaises notamment ne seraient jamais détournées de leurs cours pour satisfaire l'intérêt vinicole et qu'il y aurait plutôt lieu de rendre à la culture des céréales des terres dont on avait, avec la plus grande irréflexion, changé l'assolement.

Le Ministre faisait encore valoir le ralentissement de l'activité des ports qui influait sur les forces navales du pays auxquelles ils ne pouvaient plus fournir de sujets, et l'opinion publique impatiente d'obtenir une liberté moins restreinte et le cahier relevait l'injustice d'un pareil reproche. L'opinion publique n'était qu'égarée, les ports étaient protégés par les primes accordées aux grandes pêches maritimes; la navigation étrangère profiterait d'ailleurs plus de la levée de la prohibition que la navigation nationale qu'elle déborderait, et celle-ci aurait plus à gagner, si elle comprenait son véritable intérêt, à importer des matières premières de préférence à des produits manufacturés.

Le Ministre avait fait justice de ce goût pour la nouveauté qui domine en France, en concédant qu'après une année à peine le niveau s'établirait et ne laisserait subsister de la concurrence étrangère qu'un mobile d'émulation et un stimulant fécond dans ses résultats, mais on objectait que le délai d'une année était bien court pour l'établissement du niveau promis; en industrie, être obligé de s'arrêter, c'était d'ailleurs rétrograder, et que le délai quelqu'il pût être ne s'écoulerait pas sans que les machines condamnées à une inaction d'une certaine durée, ne fussent hors d'état de lutter au moment d'une reprise très problématique d'affaires, contre les machines des étrangers améliorées et même renouvelées déjà dans l'intervalle.

Le cahier des délégués leur donna mission de rappeler comment à d'autres époques les grandes Messageries avaient réduit les prix de transports pour culbuter toute entreprise rivale, et comment elles les avaient rehaussés dès qu'elles n'avaient plus eu rien à en craindre. La concurrence étrangère n'employerait pas d'autres procédés.

Il était recommandé aux délégués d'insister entre autres considérations, sur le développement de la production qui était porté en Angleterre et en Belgique à un tel degré, qu'elles pouvaient, réunies, pourvoir dix fois à la consommation de l'Europe, sur l'habileté de la fraude à dépister toute répression, quand la circulation serait de droit, sur les méprises fatales dans lesquelles tomberaient les préposés de la douane pour apprécier, selon leurs divers genres, la valeur des étoffes fabriquées, lorsque les jurys d'appréciation étaient loin d'être infaillibles en ces sortes de matières eux-mêmes, et plus particulièrement sur la considération déjà citée, que la division des héritages en France, ne permet pas, comme en Angleterre où tout se transmet à un seul héritier, d'avoir l'esprit de suite qui se fortifie sur le sol britannique par le puissant levier du capital, également sur cette autre considération que si le commerce intérieur est libre échangiste, autrement que par caprice et par engouement, c'est qu'il croit avoir intérêt à être loin du producteur, pour tenir le consommateur plus à sa discrétion ; erreur d'autant plus grande que la situation prospère de la France est le meilleur aliment de ce genre de transactions, et que lorsque le travail étranger est substitué au travail national par l'effet de l'importation des produits manufacturés qu'on soustrait à son action, l'aisance disparaît pour faire place à la détresse qui pèse aussi bien sur le commerce intérieur que sur l'industrie,

Le cahier renfermait enfin un éloquent rapprochement entre deux usines élevées au capital uniforme de huit cent mille francs en France et en Angleterre.

En France l'intérêt du capital à 6 0⁄0 coûterait . . . . 48,000 fr.
La force motrice pour 8,000 hectolitres de houille, à
3 fr. l'hectolitre . . . . 24,000 »
_____
72,000 fr.

Tandis qu'en Angleterre l'intérêt à 3 0⁄0 serait de. . . . . 24,000 fr.
Le prix de la houille à 1 fr. par hectolitre, pour 8,000 hectolitres . . . . . . 8,000 » } 32,000 »
_____
Différence . . . 40,000 fr.

Que deviendraient alors l'outillage et les immeubles de la ville d'Elbeuf, que l'on évaluait à 150 millions.

Ce plan de défense, Messieurs, joint aux efforts de toutes les industries françaises menacées par la levée de la prohibition, eut pour conséquence de couper court à toute innovation ; les intérêts manufacturiers triomphèrent à l'enquête et la confiance renaissant aussitôt, il fut facile d'en constater les résultats dans le nouveau travail de statistique industrielle de 1840, où le mouvement progressif des affaires et des moyens de production, dépassa celui de 1830 dans une proportion plus élevée que le mouvement constaté en cette même année 1830, n'avait excédé lui-même celui de 1814.

Cependant en 1841, le tocsin d'alarme sonna pour la troisième fois. L'industrie venait d'être avertie, par des rumeurs sourdes, mais dont les journaux élevèrent bien vite le ton, que le Gouvernement songeait de rechef à un projet d'union douanière avec la Belgique. Une commission mixte dont les membres avaient été choisis au sein de la Chambre et du Conseil des prud'hommes, rédigea une adresse au Roi et s'empressa d'aller la porter au château d'Eu où se trouvait Sa Majesté. Présidée par le chef de l'administration municipale, cette commission, qui s'était inspirée des argument produits en 1833 et 1834, réussit sinon à faire partager toutes ses convictions, du moins à éloigner encore la reprise de la lutte.

Vers la fin de 1842, survint une nouvelle panique; le danger était plus pressant. Le Maire, président de la Chambre consultative, crut devoir convoquer tous les commerçants et industriels, et leur exposer l'état des choses.

Ce fut à M. Lefort-Henry que l'on confia la rédaction d'une adresse itérative, qui fut signée par tous les intéressés et présentée par une députation de neuf membres au Roi au château de Saint-Cloud.

M. Victor Grandin en défendit avec force les termes et le fond. Toute la députation le seconda énergiquement, et à partir de ce jour jusqu'à la révolution de 1848, la question si souvent agitée ne donna plus que des inquiétudes intermittentes, notamment au mois de mai 1843, où les registres de la Chambre contiennent un travail très-concluant de M. Paul Sevaistre, contre un traité de commerce entre la France et l'Angleterre, et au mois de septembre 1846, où la Chambre crut devoir se prononcer contre un projet d'association pour la liberté des échanges.

Sauf ces deux exceptions, on peut dire que la presse seule continua une controverse d'autant plus insignifiante que les esprits se livraient à des aspirations toutes différentes.

Pendant les mauvais jours de 1848, toutes les classes de la Société étaient trop absorbées par le souci de ce qu'elles deviendraient le lendemain de cet évènement, pour que la prohibition ne fût pas maintenue à l'état latent, et comme par tacite reconduction; la suspension ou la suppression du travail causaient assez de souffrances et de maux, sans qu'il pût venir à la pensée d'aucun économiste d'y ajouter la proposition du retrait d'un régime que personne n'eût osé attaquer , ce ne fut que vers la fin de l'Assemblée législative, qu'une passe d'armes eut lieu entre MM. Sainte-Beuve et Thiers , mais elle fut décisive , et la victoire resta à l'ancien ministre du roi Louis-Philippe.

Depuis le coup d'Etat du 2 décembre 1851 , la France industrielle et manufacturière qui pouvait auparavant douter de ses destinées, a pu fonder les plus sérieuses espérances sur le retour de l'ordre et sur l'appui du gouvernement éclairé de l'Empereur.

De toutes parts on a rendu justice à la sollicitude qu'il n'a pas cessé de témoigner aux classes ouvrières , et dès lors les transactions ont repris leur cours , elles se sont multipliées. Jamais elles n'avaient pris plus d'extension. Aussi, à ne prendre que les faits d'Elbeuf pour exemple , si le nombre de manufacturiers ne s'est pas précisément accru, l'importance de la plupart des manufactures s'est considérablement développée , on a obtenu de la division et des subdivisions du travail mieux combinées dans ces grands établissements où l'on peut avoir des machines et des moyens mécaniques plus puissants et par suite plus économiques, des procédés de fabrication plus avancés dont il faut bien se garder d'arrêter prématurément l'essor par une imprudente innovation.

Et si l'on compare la statistique de 1856 à celle de 1840, on y remarquera relativement plus de progression encore que de 1814 à 1830 et de 1830 à 1840.

Ce n'est pas que l'école des économistes ne fît entre temps irruption dans la presse par ses redites sempiternelles, mais le comité de défense du travail national veillait en sentinelle vigilante et rien ne semblait altérer la confiance de l'industrie dans l'avenir qu'elle croyait lui être réservé.

Toutefois, lorsqu'il s'est agi de l'Exposition universelle de 1855, de tristes pressentiments se firent jour, mais il n'en résulta pas d'empêchement pour les manufacturiers d'Elbeuf, d'envoyer, à l'envi, leurs produits au Palais de l'industrie.

Le rapport du Comité cantonal eut pour objet, si l'on veut bien s'en souvenir , de ramener les choses à leur véritable expression. Toutes réserves utiles furent faites dans ce sens, soit à titre particulier , soit à titre général. On pouvait produire aussi bien , mieux peut-être, sous tous les rapports que les étrangers, mais le prix de revient était toujours subordonné à des conditions d'égalité qui n'existaient pas , et qui ne pourraient pas exister, même lorsque tous les droits sur les matières premières seraient supprimés, comme le demandent quelques Conseils généraux, puisqu'il y aurait encore une large question de frais de transports à mettre en ligne de compte. Elbeuf avait grandi à l'abri de la prohibition, et la prohibition était encore une garantie forcément inséparable de son avenir manufacturier.

Voilà, Messieurs, l'historique aussi rapide que possible de tous les faits antérieurs à la présentation du projet de loi portant retrait de la prohibition.

Dans tout ce qui s'est passé postérieurement, soit dans l'adresse à Sa Majesté, soit dans la lettre à M. le Ministre du commerce, la Chambre prise à l'improviste comme le Comité de défense du travail national, n'a jamais dévié de ses précédents; elle a pu solliciter une enquête, et signaler les anomalies et les impossibilités d'une tarification de droits protecteurs, mais elle ne l'a fait que très-subsidiairement, elle peut donc aujourd'hui se montrer énergiquement fidèle à ses principes, et les défendre avec résolution par tous les moyens de discussion dont elle peut disposer.

Ne peut-on pas [craindre que des droits protecteurs, même aussi larges qu'on paraît les promettre, ne deviennent, en raison de leur élévation, et c'est là une difficulté tout aussi grave que celle de chercher à y observer le principe de l'unité, ne deviennent, dis-je, un sérieux encouragement pour la contrebande, que la prohibition seule peut annihiler.

L'invasion des produits belges et anglais n'est pas, au surplus, la seule à redouter. Pour les produits belges n'est-ce pas faire un faux calcul que de songer à pratiquer des échanges entre deux marchés dont l'un représente près de quarante millions d'habitants, et dont l'autre dépasse de très-peu la population des cinq départements de l'ancienne Normandie? et quant aux produits anglais, les meetings de la Grande Bretagne peuvent-ils nous laisser la moindre illusion sur le but qu'ils poursuivent à leur égard, sans parler d'autres manœuvres d'autant plus dangereuses, qu'elles sont plus occultes? Mais si nous sommes constamment en garde de ce double côté, nous avons encore à nous précautionner contre l'invasion des produits des provinces Rhénanes, de la Prusse, du Zollverein et de l'Autriche principalement où les laines et la main-d'œuvre qui jouent un si grand rôle dans la production sont à des prix bien inférieurs à ceux qui prennent place dans les comptes de revient des fabriques françaises.

Tout le monde sait que les grands marchés des laines sont à l'étranger, celui des laines d'Australie à Londres, celui des laines d'Allemagne en Saxe ; la division des héritages en France, n'a pas été favorable à l'élève de la race ovine ; l'accroissement de la population a eu corrélativement pour conséquence de faire naître chez les fermiers la pensée de tirer parti de leurs troupeaux, déjà numériquement réduits à cause de la loi des partages, plutôt au point de vue de leurs rapports avec la boucherie, que relativement à l'amélioration de la toison par les croisements nécessaires, de là des frais de transport ou de fret, qui sont une première cause d'inégalité pour les produits nationaux.

Il serait surabondant de reproduire dans cet exposé les nombreux arguments que l'on doit à la double initiative de MM. Victor Grandin et Lefort-Henry, parce qu'on ne pourrait qu'en affaiblir la portée, mais quand il s'agit de main-d'œuvre, c'est une question dont l'intérêt est si vivace et si multiple, et qui tient par tant de liens au bien-être de la classe ouvrière, qu'on ne saurait jamais l'épuiser. Ignore-t-on d'ailleurs que le chef de l'État, dans sa haute sollicitude pour les travailleurs, veut, à cet égard, qu'on ne lui cache, qu'on ne lui dissimule absolument rien ?

Dans un banquet où les exposants se trouvaient réunis en cette ville, à la suite de l'Exposition universelle, et qui n'était déjà qu'une manifestation anticipée contre les droits protecteurs ; l'honorable M. Henry Barbet s'indignait à la seule pensée que l'on pût jamais dans notre département abaisser le salaire de l'ouvrier jusqu'au taux où il avait acquis la preuve qu'il était descendu dans d'autres pays, dont les produits lui avaient paru être très-inférieurs en prix à certains produits français, il ajoutait avec cette éloquence, dont le cœur seul a le secret qu'aucun des manufacturiers qui l'écoutaient ne saurait consentir à produire dans de pareilles conditions, qui n'assuraient à l'ouvrier que la pire des existences, celle des privations et de la misère, et sa voix fût aussitôt couverte d'applaudissements (1).

En effet, à Elbeuf, la commune et les particuliers rivalisent de zèle

---

(1) Les ouvriers de la Saxe se résignent aux salaires les plus bas ; on assurait, il y a quelques années, que dans l'Erzgebirge, un tisserand qui travaille du point du jour jusques assez avant dans la nuit, avec sa femme qui l'aide à pa-

pour adoucir le sort de l'ouvrier, pendant les crises alimentaires ou pendant les chômages; l'assistance, loin d'être en défaut, est toujours de plus en plus surexcitée, mais le travail est rémunéré dans la proportion de la cherté des vivres et de tous les objets de consommation. Les contributions indirectes, l'octroi par exemple, augmentent encore cette cherté, mais c'est une nécessité conjointement avec les centimes additionnels-communaux pour subventionner les établissements d'assistance et d'instruction, de toute nature et garantir tous les services publics.

Ces charges devront encore influer longtemps sur la vie alimentaire. Les contributions directes sont très-élevées; celle des patentes s'est récemment accrue par l'introduction d'autant de demi-droits qu'un fabricant exerce d'industries à façon conjointement avec la profession qui les comprend néanmoins toutes, il suit de là que la main-d'œuvre et les frais généraux constituent encore une autre cause d'inégalité pour le manufacturier d'Elbeuf, et il suffira de poser comparativement des chiffres pour le prouver.

Les salaires sont donc à Elbeuf à raison de la nature du milieu où vit l'industrie, hors de proportion avec ce qui existe dans quelques régions de la France, plutôt encore à l'étranger. La révolution monétaire qui tend à s'accomplir, contribuera sinon à les augmenter, du moins à les maintenir tels qu'ils sont. La production de la fabrique se divise pour les trois cinquièmes en articles de nouveauté, pour les deux autres cinquièmes en draps lisses.

Le taux des salaires influe peu sur l'écoulement au dehors de la haute nouveauté, le goût, le caprice et la mode, compensent facile-

---

rer sa toile, à la ployer, à la porter chez le fabricant dont il a reçu la matière première, ne gagne pas, par semaine, plus de 23 gros, soit 2 fr. 15 c., ce qui fait 30 à 31 c. par jour. Souvent aussi, dans ce pays de petite fabrication, des nécessités pressantes pèsent sur le producteur; ne pouvant se rendre lui-même au marché le plus proche, il reste dans la montagne, à la merci du commis voyageur, qui spécule sur sa détresse et il lui cède sa marchandise au rabais.

Triste supériorité industrielle que celle qui est acquise au prix des plus atroces privations.

Cette note est extraite de l'ouvrage de M. Henry Richelot sur l'Association douanière allemande, et c'est à des faits analogues constatés plus tard, en 1855, de visu par lui-même, que faisait allusion l'honorable M. Henry Barbet.

ment, quand ils s'y rencontrent, la différence de prix qui les résume, mais la nouveauté moyenne et commune et la draperie lisse sont dans un cas tout autre , ce que l'on exporte de nouveauté intermédiaire et commune s'achète en forme de solde , c'est-à-dire que le fabricant vend au commerce intérieur le commencement de sa production de chaque saison, et qu'il faut qu'il y gagne assez pour en vendre le reste au commerce d'exportation à des prix qu'il ne pourrait consentir , si le commerce intérieur ne l'avait pas primé pour ainsi dire. Qu'on juge par là de ce qui arriverait dans l'hypothèse où le commerce intérieur pourrait s'approvisionner à l'étranger ; la vente primitive et la vente de solde de nos fabriques en seraient radicalement compromises. Quant aux transactions de drap lisse , elle sont insignifiantes en dehors du commerce intérieur , quelle serait donc la destinée de ce genre de production à la levée de la prohibition ? La France manufacturière entrerait en partage de son marché traditionnel avec l'étranger sans aucune chance de compensation , eu égard à l'enseignement des faits.

On ne dira pas que l'industrie a reculé devant les sacrifices nécessaires pour produire au meilleur marché possible , tout en améliorant sans relâche sa production. Les étoffes qui ne comptaient que 2,000 à 2,400 fils en chaîne, au commencement de la Restauration , 2,400 à 3,000 fils en 1830, partent de ce dernier chiffre aujourd'hui pour aller jusqu'à 8,000 fils. Toute la production à ses diverses phases a progressé dans cette proportion, et les prix de vente ont sensiblement diminué.

On allait s'occuper du tissage mécanique , mais quand on a vu, comme premier symptôme de l'avenir que réserve aux fabriques la levée de la prohibition , l'abaissement du prix des laines aux deux marchés régulateurs du Neubourg et de Chartres , tout s'est arrêté comme par enchantement.

Le nombre des fabricants à Elbeuf est à peu près stationnaire depuis 1833 , mais j'ai déjà dit que l'importance de chaque fabrique a grandi , et que son agrandissement est une suite des efforts faits par la concentration pour mieux produire, mais quel est et quel sera longtemps cet agrandissement en comparaison des établissement anglais et belges, dont les nôtres sont et seront longtemps loin d'approcher ?

L'introduction des marchandises étrangères qui priverait le travail national de toute la main-d'œuvre qu'elles comportent , profiterait-elle aux consommateurs jusqu'à concurrence d'une pareille perte ? On se tromperait fort si on n'apercevait pas que ce prétendu bon marché passerait dans le prix des façons des tailleurs, sans dédommagement pour la misère des ouvriers réduits à l'état d'inaction.

Et l'impuissance de la législation à prévenir et à réprimer les fraudes sur les déchets de fabrique, dont la Belgique, concurremment avec les fabriques françaises de second ordre, tire tant parti, en les achetant, combien n'y a-t-il pas à méditer sur le préjudice qu'en éprouve forcément l'industrie d'Elbeuf ?

Faut-il parler des heures limitatives de travail qui ne sont pas en vigueur à l'étranger et dont l'industrie française ne se plaint pas, parce qu'elle s'en honore dans ses sentiments d'humanité, n'est-ce pas encore un point d'inégalité ?

Que si l'on veut ensuite considérer les conditions de transport par les chemins de fer aux prises avec la batellerie, ceux-là cherchant à l'anéantir par leurs traités de faveur, on y voit encore un sérieux désavantage.

La ville d'Elbeuf n'attend-elle pas d'ailleurs depuis un certain nombre d'années son raill-way et l'attente qu'on s'obstine à prolonger pour elle ne lui nuit-elle pas essentiellement en tout état de cause ?

L'entraînement des capitaux vers les spéculations de la Bourse, n'est-il pas encore en France un obstacle sérieux aux développements de l'industrie en général ? L'exemple contagieux de certaines fortunes rapides, dissimule aux yeux du plus grand nombre les déceptions et les écueils du funeste agiotage qui finira par les décimer. C'est un penchant qui devient de plus en plus irrésistible, à peine a-t-on obtenu par le travail les moyens de s'y livrer, que ces mêmes moyens qui pourraient, sans changer de direction, augmenter graduellement les forces de la production, s'en vont à la dérive dans un autre courant pour échapper le plus souvent en définitive à l'action qui les a fait naître.

L'industrie en souffre beaucoup plus qu'on ne se l'imagine et pour le moins autant que l'agriculture elle-même. Combien, avant d'aborder le retrait de la prohibition, n'y a-t-il pas à défendre ces deux éléments incontestables de la richesse et de la prospérité nationales, contre les séductions d'un jeu effréné qui commande par dessus tout une salutaire répression ?

Tels sont, Messieurs, en grande partie les points d'examen et de discussion que soulève la grave question à l'ordre du jour. En regard de beaucoup de ces points il y a lieu de grouper des comparaisons et surtout des chiffres.

La Chambre qui ne peut pas les recueillir tous, a besoin de faire appel au concours empressé du commerce et de l'industrie, c'est là ce qui doit faire l'objet de ses plus sérieuses préoccupations.

Qu'on se garde d'en douter ; pour peu qu'on se souvienne de 1786, le travail qui a fait la prospérité de nos manufactures, le travail qui a inspiré à Bonaparte, premier consul, les mémorables paroles, dont nous avons fait la légende de notre blason communal, disparaîtrait absolument devant la levée de la prohibition ; il n'est pas possible que le neveu du grand'homme, qui lui-même a pris à cœur de développer en tout et partout le travail, cette première condition d'une Société chrétienne, ne comprenne pas les raisons que nous devrons, pourrons et saurons réunir en faisceau, pour justifier notre attachement iné-branlable au maintien de cette même prohibition, notre vraie sauve-garde et notre unique planche de salut.

Confondons donc dans une étroite solidarité tous nos actes, joignons-y l'esprit de conduite, afin de les coordonner et de les régler, et ne craignons pas d'opposer la logique des faits aux vaines et désastreuses théories du libre-échange.

APPENDICE.

Il est essentiel de faire remarquer que le rapport qui précède a été rédigé et soumis à la Chambre consultative le 11 septembre 1856, avant la réunion générale de MM. les Industriels et Commerçants, dans laquelle, sur les propositions de la Chambre elle-même et comme conséquence de l'adoption du rapport, a été constitué un Comité mixte de défense du travail national.

Le Comité dont il s'agit a par suite tenu un certain nombre de séances, et ses travaux ont été consignés dans un registre de délibé-rations, dont le compte-rendu des travaux de la Chambre ne fait pas mention.

Ce Comité qui s'est sérieusement préoccupé de toutes les questions relatives au mandat qu'il avait accepté , continue à recueillir les documents susceptibles d'être produits dans l'enquête, dont rien n'annonce encore l'ouverture, mais à laquelle il n'en sera que mieux préparé à fournir son contingent d'observations et d'études, si elle lieu.

Elbeuf. — Imprimerie de LEVASSEUR, rue Saint-Jean, 98.